Э.9Г

Dieses Buch gehört:

_____

_____

Zu Gast bei Witwe Bolte

angerichtet
und aufgezeichnet
von Anneliese
und Gerhard Eckert

Verlag Hölker

ISBN-Nr. 3-88117-039-1
VVA-Nr. 28 000 039-6
© Copyright 1977 / G by Verlag Wolfgang Hölker, Martinistraße 2, D-4400 Münster
Alle Rechte vorbehalten auch auszugsweise
Printed in Germany by Druckhaus Cramer, Greven
Imprimé en Allemagne
Grafik-Design by Dieter Kreuchauff
Buchbinderische Verarbeitung Klemme & Bleimund, Bielefeld

Inhalt

Wenn das König Heinrich wüßte

Sind Sie sich eigentlich bewußt, liebe kochende Hausfrau oder geschätzter Koch, was Sie Ihrem Geflügel für Unrecht tun, wenn Sie es beharrlich nach den ewig gleichen Rezepten zubereiten? Hähnchen und Huhn, Ente und Gans, Puter und Fasan, würden lauthals protestieren, wenn sie eine Ahnung hätten, wie eintönig und lieblos mit ihnen umgegangen wird. Nein, das haben sie wahrlich nicht verdient!

Machen Sie's doch mal anders!

Ist es nicht tatsächlich so, daß Hähnchen ohne viel Federlesens einfach auf den Grillspieß gesteckt oder im Bratofen ohne viele Fisimatenten gegart werden? Daß Gans oder Ente nach dem überlieferten Familienrezept gebraten werden, was gewiß köstlich schmeckt, aber – doch nur eine von vielen Möglichkeiten der Zubereitung bedeutet? Daß gar die Pute, als Weihnachtsvogel rasch beliebt geworden und im Wettrennen mit der Gans hier und da sogar schon einen Kopf vorn, all überall in die Bratpfanne gesteckt und nach Schema F gebrutzelt wird?

Wenn Sie ehrlich sind: so geht es fast immer und überall zu. Daß es nicht nur 1001 Nacht, sondern auch 1001 Geflügelrezepte gibt, muß sich erst noch herumsprechen. Wenn Sie in diesem Buch blättern und seine Ratschläge befolgen, werden Sie bald merken, daß Geflügel es „in sich" hat, daß mit ein wenig mehr Phantasie und Kochfreude sich daraus Gerichte zaubern lassen, die Sie als Meisterin oder Meister am Herd ebenso entzücken wie die Esser.

Wir haben unser „Huhn im Topf".

Zum Glück gehören wir einer Generation von Essern und Köchen an, für die Geflügel längst nicht mehr die seltene Rarität des Sonntags, sondern die selbstverständliche Mahlzeit an jedem beliebigen Tag ist. Geflügel ist ja billiger und damit für jedermann eher zugänglich als – beispielsweise – ein Filetsteak oder ein Kalbsbraten.

Wenn der gute König Heinrich das noch gewußt hätte! Aber er ist nun mal bereits mehr als 360 Jahre tot. Wer das war? Nun dieser König – Henri IV. französisch: Angri katre – hat seinerzeit in königlicher Gelassenheit das große Wort ausgesprochen: „Ich möchte, daß jeder Bauer meines Landes sonntags sein Huhn im Topf hat."

Wohlgemerkt: sonntags! Alltags nie? Nun ja, das Huhn für

den Bauer (und hoffentlich auch Bürger) sollte eine Feiertagsspeise sein. Der König allerdings, vermuten wir, verzehrte Huhn und anderes Geflügel, wenn die zeitgenössischen Berichte stimmen, durchaus auch die Woche über. Aber es ist ja klar: ein gewisser Unterschied zwischen dem Monarchen und dem gemeinen Volke mußte damals schon sein.

Daher können wir uns heute wahrhaftig königlich fühlen, wenn uns das Huhn jeden beliebigen Tag vom Teller anlacht und mit seinem gaumenkitzelnden Duft auch die schlichte Hütte und bescheidene Etagenwohnung verführerisch erfüllt. König Heinrich wird es nie mehr erfahren. Aber wenn er heutzutage auf Erden wandelte, würde er wohl seine über die Jahrhunderte auf uns überlieferte Weisheit so formulieren müssen: „Ich möchte, daß jeder Bürger, wann immer er Appetit verspürt, sein Huhn auf dem Teller hat."

Nicht nur Huhn, versteht sich. Auch die anderen geflügelten Fleischspeisen sollten uns selbstverständlich werden.

Ganzjahressaison für Geflügel!

Das ist freilich noch nicht immer der Fall. Dabei kommt beispielsweise auch die Ente heute oft schon so preisgünstig aus der Gefriertruhe, daß sie nicht weniger „gängig" sein sollte als ein Schnitzel oder Kotelett. Dabei gibt es auch Gänse heute das ganze Jahr über. Allerdings meinen die meisten, sie ergäben sich in prasserischer Völlerei, wenn sie ein Gänschen nicht nur am Martinstag und zu Weihnachten verzehrten. Aber nicht doch!

Die Gems' im Freien übernachtet,
Martini man die Gänse schlachtet.

Nur nicht so zaghaft! Lassen Sie sich eine zarte Gans oder Ente ruhig auch einmal an einem schönen Sommertag munden. Es muß ja nicht gerade mit Rotkohl sein. Sondern vielleicht mit Gurkensalat, oder mit Spargel. Ei, das ist ein Genuß! Dabei nicht einmal teurer als – Sauerbraten. Wer sich bisher eine Pute lediglich zwischen Weihnachten und Silvester „leistete", der sollte ganz schnell einmal versuchen, wie sie auch zu Ostern, Pfingsten oder zum nächsten Geburtstag schmeckt.

Wer sagt und bestimmt denn eigentlich, daß es für Geflügel heutzutage noch einen festgelegten Tag, einen feierlichen Anlaß, eine „Saison" geben müßte? Tiefgekühlt und jederzeit für Bratofen oder Kochtopf bereit, ist Geflügel ein Dauerbrenner. Weil das so ist, wird es auch höchste Zeit, daß die findige Hausfrau und Herrscherin über den Herd (oder ihr männliches Gegenstück?) es in immer neuen Variationen zubereitet und vorsetzt, Variationen, die geschmackliche Nuancen herauskitzeln, mit denen jede Gefahr vermieden wird, daß jemand Geflügel allzu rasch satt bekäme.

Besser als Witwe Bolte!

Ja, man muß sie regelrecht bedauern, die arme Witwe Bolte des Wilhelm Busch, daß sie nach dem jähen Tod ihrer Hühnerschar durch die ruchlosen Buben Max und Moritz keine andere Möglichkeit sah, als sie alle vier „lieblich in der Pfanne schmurgeln" zu lassen. Eigentlich sollte sie den jugendlichen Übeltätern sogar noch dankbar gewesen sein, daß deren frecher Mundraub sie davor bewahrte, viele Tage lang immer wieder das gleichartig gebratene Huhn zu speisen. Hätte Witwe Bolte unser Buch lesen können, wäre sie besser daran gewesen und hätte aus ihren vier Hühnern ein wahres Kaleidoskop geflügelter Köstlichkeiten zubereiten können.

Damit also entlassen wir Sie, liebe kochfrohe Leserin oder ebensolcher Leser, an Ihren Herd. Handeln Sie im Geiste des Königs Heinrich und lassen Sie Geflügel künftig noch häufiger, vor allem aber noch abwechslungsreicher und leckerer zu seinem Recht kommen. Alle, die mit Ihnen und bei Ihnen essen, werden Ihnen dankbar sein!

1. Das Huhn

Huhn im „Topf" – aber wie?

Als der Ihnen bereits bekannte König Henri IV. seinen Bauern das sonntägliche Huhn im Topf wünschte, hatte er sicher den klassischen „Pot au feu" oder eine andere ländliche Hühnerzubereitung im Auge. Inzwischen werden die Hühner und Hähne nach unzähligen Rezepten zubereitet. Generell gesagt können Sie Ihr Huhn kochen, braten, schmoren, grillen und backen. Dabei gibt es noch zahlreiche Abwandlungen, zu denen beispielsweise auch das Flambieren gehört.

Sie finden beim Einkauf für Ihr Huhn verschiedene Bezeichnungen. Das bewährte Suppenhuhn, das früher erst nach mehrjähriger emsiger Legetätigkeit geschlachtet wurde und daher manchmal etwas fest oder gar zäh war, präsentiert sich heute wesentlich jünger und zarter und wiegt mit einem Alter von ein bis zwei Jahren etwa 1500 bis 2000 g. Schwere Suppenhühner sind meist älter oder wesentlich fetter.

Oft tauchen im Handel noch andere Bezeichnungen auf, die teilweise auf französische Begriffe zurückgehen. Ein Poulet ist dabei eine junge zarte Henne, die durch Mästen fleischiger als normal geworden ist. Dem gegenüber versteht man unter einer Poularde ebenfalls ein durch Mast angereichertes Hühnchen oder Hähnchen, das es trotz seiner Jugend bereits auf 2 kg oder mehr Gewicht gebracht hat und daher reichlich Fleisch – allerdings auch etwas Fett – aufweist. Poularden sind ideal zum Braten. Falls man ihnen – es kommt heute relativ selten vor – einen Kapaun anbietet, dann handelt es sich dabei um ein kastriertes Hähnchen, das dank dieser Manipulation besonders rasch und gut gemästet werden konnte.

Falls Sie wirklich Ihr Geflügel noch selbst rupfen müssen: immer gleich nach dem Schlachten, wenn es noch warm ist. Sonst reißt nämlich die Haut ein.

Suppen

Suppenhuhn, Grundrezept

1 Suppenhuhn
Salz
1 Bund Suppengrün
Magen, Herz, evtl. Leber des Huhns
Wasser je nach Größe des Huhns (knapp bedeckt)

Wasser mit Salz und dem gereinigten Suppenhuhn zum Sieden bringen. Huhn kalt abwaschen und mit den Innereien ins kochende Wasser geben. Langsam gar werden lassen. Suppengrün nach etwa einer Stunde Kochen herausnehmen. Falls Leber mit verwendet werden soll: nur die letzten drei Minuten mitkochen lassen. Huhn aus der Brühe nehmen, wenn sich die Keulen leicht lösen lassen, und zur weiteren Verarbeitung bereitstellen. Brühe durch ein Sieb abgießen. Zuviel Fett der Brühe nach leichter Abkühlung abschöpfen.

Pot au feu

1 nicht zu großes Suppenhuhn
gleiche Menge Rindfleisch zur Suppe
500 g Markknochen
500 g zerkleinertes Suppengrün (Zwiebel, Karotte,
Sellerie, Lauch, Petersilienwurzel)
1 – 4 Lorbeerblätter
Salz, weißer Pfeffer
1 TL Zucker
1 geriebene Knoblauchzehe
1 Likörglas Cognac
2 – 3 EL gehackte Petersilie
375 g Eiernudeln

Fleisch und Knochen abwaschen und in vier Liter kochendem Wasser mit den Lorbeerblättern gut drei Stunden langsam garen lassen. Fleisch herausnehmen, zerteilen. Knochen aus der Suppe nehmen bzw. Brühe durch ein Sieb geben. Brühe erneut aufsetzen und darin Suppengrün und Eiernudeln langsam garziehen lassen. Gewürze hinzugeben, das zerkleinerte Fleisch hineinlegen und einige Minuten alles gemeinsam ziehen lassen. Vor dem Anrichten Cognac unterziehen und Petersilie darüber streuen.

Zuletzt noch das: Dieser köstlich deftige „Feuertopf" reicht für vier bis sechs Personen oder ergibt mehrere Mahlzeiten, wobei Sie knuspriges Weißbrot und süffigen Rotwein hinzugeben sollten.

Des Mittags, als es zwölfe war,
Setzt sich zu Tisch der Herr Aktuar.

Hühnersuppe aus Belgien

1 Suppenhuhn
Saft von 1 Zitrone
1 grob gewürfelte Zwiebel
1 EL geriebener Sellerie
1 große geraspelte Karotte
1 feingeschnittene Stange Porree
2 EL Butter
1 Lorbeerblatt
3 Körner Piment
1/2 TL Rosmarin
Salz
1 Strauß Petersilie
2 Glas herber Weißwein

Das kalt abgewaschene Suppenhuhn gründlich mit Zitronensaft einreiben und – halb bedeckt – in einem Suppentopf zum Kochen bringen. Zwiebel und Sellerie zugeben. Karotte und Porree in Butter andünsten und mit Rosmarin und Lorbeer würzen. In die langsam kochende Suppe geben und Salz und Pimentkörner hinzufügen. Nach einiger Zeit Weißwein hinzuschütten und weiter langsam garen lassen. Das Huhn herausnehmen, und das Fleisch von den Knochen lösen. In einer Terrine mit der Brühe servieren.

Zuletzt noch das: Das ergibt, wenn Sie Weißbrot dazu speisen, eine vollwertige, Körper und Seele wärmende Mahlzeit.

Und durch die Brille, scharf und klar,
Entdeckt er gleich ein langes Haar.

„Nun!" — fprach die Frau — „das kann wohl 'mal
[paffieren!
Haft Du mich lieb, fo wird's Dich nicht genieren!"

Hühnercremesuppe

1/2 kleines Suppenhuhn
500g Kalbsknochen
1 Tasse in Scheiben geschnittene Karotten
3 Körner Piment
Salz
40g Butter
40g Mehl
1 Tasse Milch
2 Eigelb
1 Tasse süße Sahne
Saft von 1 halben Zitrone
1 Prise Zucker

Salzwasser zum Kochen bringen und darin das Huhn mit den Kalbsknoche und Karotten unter Beigabe der Pimentkörner weichkochen. Huhn herausnehmen, Fleisch von den Knochen lösen und kleinschneiden. Knochen und Piment aus der Brühe nehmen. Aus Butter und Mehl eine Schwitze rühren, mit der Brühe ablöschen und durchkochen lassen. Milch, Fleisch und Karotten hineingeben. Eigelb mit Sahne verquirlen, und die Suppe damit legieren, aber nicht mehr kochen lassen. Mit Zitronensaft und Zucker fein abschmekken.

Zuletzt noch das: Es ist ein Jammer, daß diese köstliche Suppe – feine Leute nennen sie „Crême de Volaille" – nicht ganz arm an Kalorien ist. Die hier angegebenen Mengen reichen für mehrere Personen bzw. zwei Tage.

Königinsuppe

2 EL Butter
2 EL Mehl
1/2 l Hühnerbrühe
1 Eigelb
3 EL Sahne
1 Tasse Hühnerfleisch, in feine Streifen geschnitten
Salz
2 EL Weißwein
1 TL gehackte Petersilie oder geröstete Mandelblättchen

Butter und Mehl zu einer hellen Mehlschwitze verrühren und die Hühnerbrühe nach und nach hinzugeben. Eigelb mit Sahne verrühren und ein wenig heiße Brühe hinzufügen. Diese Flüssigkeit allmählich unter die heiße Suppe schlagen und nicht mehr kochen lassen. Das feingeschnittene Hühnerfleisch darunter geben und mit Salz und Wein abschmecken. Mit Petersilie bestreuen.
Zuletzt noch das: Sie haben es sicher schon gemerkt: diese vielbeliebte Königinsuppe, die manches festliche Essen einleitet, ist in Wahrheit eine verfeinerte Abart der Geflügelcremesuppe.

Er aber kehrt sich schleunigst um
Und holt die Flasche, die voll Rum.

Suppeneinlagen

„Ach! denkt die Frau, „wie wird das enden"!
Und sucht die Flasche zu entwenden.

Hühnerbrühe mit Ei

1/2 l Hühnerbrühe
2 Eigelb
1 TL gehackte Petersilie

Die Eigelb in eine Suppentasse oder einen
Suppenteller geben. Heiße Hühnerbrühe
darübergießen und mit Petersilie bestreu-
en. Nach Belieben Eigelb vor dem Servieren verrühren oder nicht.

Hühnerbrühe mit hartem Ei

1/2 l Hühnerbrühe
2 hartgekochte Eier
1 TL gehackte Petersilie

Die Eier beliebig fein oder grob hacken.
Heiße Hühnerbrühe in Tassen oder Teller
gießen, Ei darin verteilen, mit Petersilie
überstreuen.

Hühnerbrühe mit Eierstich

1/2 l Hühnerbrühe
2 Eier
1/8 l Milch
Salz, Muskatnuß
etwas Butter
1 TL gehackte Petersilie

Eier und Milch verquirlen und mit den Gewürzen abschmecken. Eine Tasse oder kleine Form mit Butter ausstreichen und die Eiermasse hineinfüllen. 15–20 Minuten die Tasse in kochend heißes Wasser stellen, bis die Masse gestockt ist. Nach kurzem Abkühlen aus der Tasse stürzen und nach Belieben in Streifen oder Würfel schneiden. In Suppentassen oder Teller verteilen, heiße Hühnerbrühe darübergießen und mit gehackter Petersilie bestreuen.

Hühnerbrühe mit Eiereinlauf

1/2 l Hühnerbrühe
1 Ei
1 kleiner EL Mehl
2 EL Wasser
Salz, geriebene Muskatnuß

Ei mit Mehl, Wasser und Gewürzen mit dem Schneebesen oder Mixquirl zu einer glatten Flüssigkeit schlagen. Brühe zum Kochen bringen und das Ei langsam hineinlaufen lassen – gewitzte Hausfrauen lassen die Eierflüssigkeit mit Vorliebe über einen Quirl, den sie dabei drehen, rinnen. Da der Einlauf sofort stockt, nicht länger kochen, sondern sofort servieren.

Hühnerbrühe mit Profiteroles

1/2 l Hühnerbrühe
1/8 l Wasser
30g Butter
75g Mehl
2 Eier

Um den Brandteig für die Profiteroles zubereiten, muß das Wasser mit der Butter aufkochen. Das gesiebte Mehl auf einmal hineinschütten und so lange gut rühren, bis sich der abgebrannte Teig vom Boden löst. Nach kurzem Auskühlen die verquirlten Eier gut unterrühren. Diesen Teig in einen Spritzbeutel füllen und haselnußgroße Tupfen auf ein gefettetes, bemehltes Blech geben. Im Backofen bei ca. 250 Grad in etwa 10-12 Minuten backen. Heiße Hühnerbrühe über die in der Suppentasse oder den -tellern verteilte Profiteroles gießen. Zuletzt noch das: Zugegeben, etwas mehr Arbeit macht das schon, aber dafür ist es auch eine nicht alltägliche Suppeneinlage.

Doch hierin kennt er keinen Spaß:
„Gleich stell' sie her! Sonst gibt es was!" ·

Hühnerbrühe mit Nudeln oder Reis

1/2 l Hühnerbrühe
ca. 50g Fadennudeln, Hörnchen, Eiergraupen oder Reis

Entweder in die kochende Brühe Nudeln bzw. Reis geben und darin ausquellen lassen. Eleganter ist es, die Einlage in kochendem Salzwasser zu garen, abzugießen und erst jetzt in die heiße Suppe zu geben.

Hühnerbrühe mit Hackfleischklößchen

1/2 l Hühnerbrühe
125g Hackfleisch
1 kleine geriebene Zwiebel
1 Ei
1 EL Semmelmehl
Salz, Pfeffer
1/2 TL Curry

Das Hackfleisch mit der Zwiebel, dem Ei und Semmelmehl gut mischen und würzen. Kleine Klößchen formen und in der kochend heißen Brühe garen lassen.

Und schon ergreift er mit der Hand
Den Stock, der in der Ecke stand.

Eintöpfe

Geflügeltopf mit Grießklößen

2 l Hühnerbrühe
1/2 gekochtes, in Würfel geschnittenes Suppenhuhn
300g Erbsen (tiefgekühlt)
1 in Streifen geschnittener Kohlrabi
1 EL gehackte Petersilie

Grießklöße:
1/4 l Milch
2 EL Butter
Salz
120g Grieß
2 Eier
geriebene Muskatnuß

Zuerst die Grießklöße vorbereiten: Milch, Butter und Salz aufkochen lassen. Den Grieß allmählich unter gleichmäßigem Schlagen mit dem Schneebesen hinzurieseln lassen. Durch ständiges Rühren den entstehenden Brei zu einem großen Kloß werden lassen, der sich vom Topf löst. Vom Feuer nehmen, die Eier nacheinander hinzurühren und mit Muskat würzig abschmecken. Jetzt die Hühnerbrühe erhitzen, mit 2 Teelöffeln Klöße von der Grießmasse abstechen, formen und in die kochende Brühe geben. Dabei den Löffel immer wieder in die Brühe tauchen, da dadurch das Formen der Klöße leichter geht. Erbsen und Kohlrabi in die Brühe schütten, kurz aufkochen und alles 5 bis 10 Minuten langsam gar ziehen lassen, wobei der Topfdeckel nicht fest aufliegen sollte. Zuletzt die Hühnerwürfel hineinschütten und heiß werden lassen. Über den fertigen

Hühnertopf gehackte Petersilie verteilen. Zuletzt noch das: Ein leckerer Eintopf, der ebenso gut schmeckt, wie er sättigt.

Chinakohl-Hühner-Eintopf

1 Poularde
1 Bund Suppenkraut, gut geputzt
1 Zwiebel
2 Lorbeerblätter
1 TL Pfefferkörner
2 Gewürznelken
Salz
500g in Scheiben geschnittene Karotten
750g in Streifen geschnittener Chinakohl
250g Langkornreis
Pfeffer, geriebene Muskatnuß

Poularde kalt abwaschen und mit Suppenkraut, der ganzen Zwiebel sowie Lorbeer, Pfeffer und Gewürznelken in Salzwasser ansetzen und garen lassen. Nach 45 Minuten die Karotten hinzugeben und nochmals 20 Minuten kochen. Poularde herausnehmen, das Fleisch von den Knochen lösen und danach in feine Stücke schneiden. Brühe durch ein Sieb gießen, und die Karotten von den Gewürzen trennen. Die Brühe erneut aufsetzen und den Chinakohl ca. 20 Minuten garen lassen. Reis in Salzwasser 15 Minuten gar kochen. Nunmehr geschnittenes Hühnerfleisch, Reis und Karotten in die Chinakohlsuppe geben und abschließend würzig abschmecken.

Die Frau versucht zu flieh'n; indes
Der Hakenstock verhindert es.

Indonesische Curry-Hühnersuppe

1 Suppenhuhn (750g – 1000g)
2 Perlzwiebeln, fein gehackt
3 Kemirienüsse, gerieben
1/2 TL Knoblauchpulver
1/2 TL Sambal Oelek
3 TL Kerry Djawa
1 TL Laos
1 TL Djahé
1 EL Butter
1 Drittel Beutel Mihoen
einige Tropfen Zitronensaft

Das Huhn abwaschen und in 3/4 l kaltem Wasser zum Kochen aufsetzen und langsam gar werden lassen. Gehackte Perlzwiebeln mit geriebenen Kemirienüssen und den 5 Gewürzen in Butter bräunen lassen. Das Anbrennen durch Zugabe von etwas Hühnerbrühe verhindern. Gründlich durchrühren und zur Hühnerbrühe gießen. Das Huhn herausnehmen, das Fleisch von den Knochen lösen und in Stückchen zerkleinern, die wieder in die Brühe zurückgegeben werden. In der Zwischenzeit Mihoen 3 Minuten lang in warmes Wasser legen, abgießen und mit kaltem Wasser abspü-

len. Vor dem Servieren in die Suppe geben, die mit Zitronensaft und Salz abgeschmeckt wird.

Zuletzt noch das: Sie merken schon an den ungewöhnlichen Gewürzen, die Sie nur in einem Spezialgeschäft bekommen, daß das eine Hühnersuppe ist, wie sie nicht alle Tage auf den Tisch kommt. Das wäre auch etwas, wenn Sie Gäste haben.

Schneller indischer Hühner-Reis

50g durchwachsener, in Würfel geschnittener Speck
1 EL Öl
2 in Würfel geschnittene Zwiebeln
125g Langkorn-Reis
knapp 1/2 l Hühnerbrühe
Salz, Curry
Frugola (aus dem Reformhaus)
250g vorher gekochtes, gewürfeltes Hühnerfleisch
1 geschälter und gewürfelter Apfel
1 geschälte, in Scheiben geschnittene Banane
2 TL gehackte Mandeln
1/2 Dessertglas trockener Sherry

Speckwürfel in Öl ausbraten, und die gewürfelten Zwiebeln darin glasig werden lassen. Reis abwaschen und abtropfen, hinzugeben und andünsten. Dann die Brühe mit Salz, Curry und Frugola hineingeben und würzig abschmecken. Den Reis 15 Minuten ausquellen lassen. Hühnerfleisch, Apfel, Banane und Mandeln darunter heben. Mit Sherry das letzte Aroma geben.

Zuletzt noch das: Zu dieser kräftig gewürzten Mahlzeit empfiehlt sich als Beigabe ein frischer grüner Salat.

Ein Schlag, gar wohlgezielt und tüchtig,
Trifft und zerbricht die Flasche richtig.

Nun nimmt die Frau die Sache krumm
Und kehrt sich zur Attacke um.

Sie hat die Brill' und freut sich sehr,
Der Mann steht da und sieht nichts mehr.

Er tappt herum als blinder Mann,
Ob er den Feind nicht finden kann.

Und tappt in seiner blinden Wut
Autsch! — an des Ofens heiße Glut.

Er dreht sich um und allbereits
Brennt ihn der Ofen anderseits

Ingwer-Hühnertopf

2 EL Butter
125g Langkorn-Reis
1 eingelegte, in Würfel geschnittene Ingwerfrucht
1/2 l Hühnerbrühe
Salz
1/2 TL Curry
Paprika
200g vorher gekochtes, in Würfel geschnittenes Hühner-
fleisch
1 Scheibe in Würfel geschnittene Ananas
1 in Scheiben geschnittene Banane
Ingwersaft

Die Butter schmelzen lassen und den vorher gewaschenen und abgetropften Reis darin andünsten. Ingwerfrucht, Hühnerbrühe und die Gewürze hinzugeben und ca. 15 Minuten ausquellen lassen. Schließlich das Hühnerfleisch mit dem Obst darunter heben und mit Ingwersaft pikant abschmecken.
Zuletzt noch das: Ein Hühnertopf mit exotischer Note, zu dem Sie am besten grünen Salat reichen.

Hühner-Reispfanne

2 EL Öl
1 kleine in Würfel geschnittene Zwiebel
125g Langkorn-Reis
1/4 l Hühnerbrühe
2 EL Öl
1 rote Paprikaschote in Streifen geschnitten
100g Erbsen (tiefgekühlt)
300g gekochtes und gewürfeltes Hühnerfleisch
Salz, Pfeffer
100g Krabbenfleisch
2 EL Sojasauce
1 EL gehackte Petersilie

In einem Topf 2 EL Öl erhitzen, die Zwiebel darin anrösten und den gewaschenen, abgetropften Reis dazugeben. Mit Hühnerbrühe verlängern und 15 Minuten ausquellen lassen. In einer Pfanne 2 EL Öl er-

hitzen. Die Streifen der Paprikaschote darin andünsten und Erbsen, Hühnerfleisch und Reis hinzugeben. Nach dem Würzen mit Salz und Pfeffer etwa 5 Minuten bei geschlossener Pfanne köcheln lassen. Als letztes das Krabbenfleisch untermischen, mit Sojasauce abschmecken und noch 5 Minuten ziehen lassen. Dann mit Petersilie bestreuen und servieren.

Zuletzt noch das: Anstelle der Krabben als letzte Zutat können Sie auch ausgelöstes Muschelfleisch, Oliven, Champignons oder Pfifferlinge nehmen. Chacun à son goût!

Nun aber wird die Wut erst groß —
Was es auch sei — er haut drauf los.

Die Suppenschüssel, Wurst und Glas
Wird ruiniert, der Hund wird naß

Nasi goreng

1 gekochte Poularde
3 EL Öl
1 in Würfel geschnittene Zwiebel
1 zerdrückte Knoblauchzehe
1 – 2 TL Sambal
1 rote Paprikaschote, in feine Streifen geschnitten
400g gekochter trockener Langkorn-Reis
100g Krabben
Salz, Zucker
Saft von 1/2 Zitrone
1 in Ringe geschnittene Zwiebel
1 EL Butter

Das Fleisch der Poularde von den Knochen lösen, die Haut abziehen und in Würfel schneiden. In das erhitzte Öl Zwiebelwürfel mit zerdrückter Knoblauchzehe geben und dünsten bis die Zwiebeln zwar weich sind, aber noch keine Farbe angenommen haben. Mit Sambal würzen, die Paprikastreifen hineingeben und mitdünsten. Nunmehr Hühnerfleisch und Reis hineingeben, salzen, etwas Zucker darüber streuen und gut mischen, bis die Reiskörner nicht mehr zusammenkleben. Zum Schluß vorsichtig die Krabben unterziehen und nur noch leicht erwärmen. Alles auf einer flachen Schüssel anrichten, mit Zitronensaft beträufeln und mit gebratenen Zwiebelringen garnieren.

Zuletzt noch das: Zu diesem exotischen Gericht sind vielerlei Beilagen möglich. Am stilvollsten sind: Kroepoek, Mango, Chuntney und Seroendeng, wobei Kroepoek in Spezialgeschäften halbfertig käuflich ist und in heißem Öl zu einem porösen Gebäck gebacken wird. Aber Sie können auch dazu essen: gebratene Bananen, Tomatenscheiben, dünne Scheiben von Gewürz- oder Salatgurken, geröstete Erdnüsse, geröstete Kokosraspeln, Ananasschnitzelchen oder feingehacktes, hartgekochtes Ei.

Hühnchen in Sauce

Ihrer Hühner waren drei
Und ein stolzer Hahn dabei. —
Max und Moritz dachten nun:
Was ist hier jetzt wohl zu tun? —
— Ganz geschwinde, eins, zwei, drei
Schneiden sie sich Brot entzwei.

Masthuhn in Sauce Suprême

1 Poularde
1 Bund Suppengrün (Karotte, Sellerie, Porree)
1/2 Zwiebel
1 Lorbeerblatt
3 Pimentkörner
Salz
2 EL Butter
2 EL Mehl
1/2 l (knapp bemessen) Hühnerbrühe
Salz, weißer Pfeffer
Saft von einer Zitrone
1 Prise Zucker
2 Eigelb
1/2 Tasse geschlagene Sahne

Die gewaschene und abgetrocknete Poularde mit Suppengrün, Zwiebel, Lorbeerblatt und Piment in 1/2 l kochendes Salz-

wasser geben und darin garen. Das fertig gekochte Fleisch von den Knochen lösen, in größere Portionsstücke teilen und warm stellen. Eine helle Schwitze aus Butter und Mehl rühren, mit Hühnerbrühe ablöschen und mit Gewürzen und Zitronensaft pikant abschmecken. Die geschlagene Sahne unter die Sauce heben. Eigelb mit wenig Wasser verschlagen und damit die Sauce, die nicht mehr kochen darf, legieren. Die fertige dickliche Sauce über die Fleischstücke verteilen.

Zuletzt noch das: Sie servieren am besten körnigen Reis und Salat dazu.

Kochhuhn mit Stachelbeersauce

1 Huhn
Salz
3 Pimentkörner
1 Bund Suppengrün (Karotte, Sellerie, Porree)

Stachelbeersauce:

250g Stachelbeeren
3 EL Zucker
1/4 l steifgeschlagene Sahne

Das Huhn abwaschen und abtrocknen und in wenig Salzwasser mit Piment und Suppengrün gar kochen lassen. Herausnehmen und in Portionsstücke teilen. Zur Sauce Stachelbeeren im Mixer zerkleinern und mit etwas Wasser und Zucker zum Kochen bringen. Die steife Sahne unterrühren und noch etwas einkochen lassen. Stachelbeersauce und körnig gekochten Reis zum Huhn servieren.

Zuletzt noch das: Auch wenn es Ihnen ungewöhnlich erscheint, das feine Aroma der Stachelbeeren paßt ausgezeichnet zum gekochten Huhn.

Frikassees, Ragouts, Überbackenes

Kaum hat dies der Hahn gesehen,
Fängt er auch schon an zu krähen:
Kikeriki! Kikikerikih!!
Tak, tak, tak! — da kommen sie.

Buntes Hühnerfrikassee

1 Poularde
1 gewürfelte Karotte
1 Stange Lauch, in Scheiben geschnitten
1 EL gewürfelter Sellerie
Salz
1 kleiner in Röschen geteilter Blumenkohl
100g (möglichst) frische kleine Champignons
2 EL Butter
2 EL Mehl
Saft von 1 Zitrone
1 Prise Zucker
1 Eigelb
2 EL Weißwein
1 EL gehackte Petersilie

Poularde unter Zugabe von Karotte, Lauch
und Sellerie mit Wasser bedeckt kochen
und salzen. Nach 20 Minuten Blumenkohlröschen und geputzte Champignons hin-

zugeben und alles garen lassen. Aus Butter und Mehl eine Schwitze rühren, mit Hühnerbrühe verlängern und etwas kochen lassen. Mit Zitronensaft und Zucker abschmecken. Eigelb mit Weißwein verquirlen, und die Sauce damit legieren. Von der Poularde die Haut abziehen, das Fleisch von den Knochen lösen und in Stücke beliebiger Größe zerteilen, die in die Sauce gegeben werden. Auch die verschiedenen Gemüse in die Frikasseesauce geben und mit Petersilie überstreuen.

Zuletzt noch das: Groß und klein können sich immer wieder an so einem Hühnerfrikasse begeistern, zu dem Sie am besten körnig gekochten Langkorn-Reis servieren, vielleicht sogar im Reisrand.

Hühnerfrikassee nach Berliner Art

250g gekochtes, in Würfel geschnittenes Hühnerfleisch
50g gekochte, in Stücke geschnittene Rinderzunge
1 kleine Dose Spargelköpfe
1 kleine Dose Champignonköpfe
1 TL Kapern
2 EL Butter
2 EL Mehl
knapp 1/2 l Hühnerbrühe
1 Eigelb
2 EL süße Sahne
Salz, Zucker, Zitronensaft

Spargel und Champignons abtropfen lassen. Aus Butter und Mehl eine helle Mehlschwitze rühren, die mit der Hühnerbrühe verlängert wird. Eigelb und Sahne vermengen und damit die Sauce legieren. Huhn, Gemüse und Kapern in die Sauce geben und alles erhitzen. Zuletzt mit Salz, Zucker und Zitronensaft würzig abschmecken. Zuletzt noch das: In der Tat, die Berliner

haben seit jeher eine Schwäche für Hühnerfrikassee und ihre eigenen Vorstellungen davon. Aber auch in Berlin ißt man Reis dazu.

Hühner-Ragout im Reisrand

1 kleines Lorbeerblatt
2 kleine in Scheiben geschnittene Zwiebeln
2 kleine in Scheiben geschnittene Karotten
2 Körner Piment
2 Pfefferkörner
1 EL gehackte Petersilie
2 Tassen Hühnerbrühe
2 EL Butter
2 EL Mehl
1/2 Tasse Sahne
2 Tassen kleingeschnittenes Hühnerfleisch (Reste)
2 hartgekochte Eier in Scheiben
Salz, Pfeffer

Zum Reisrand:
5 Tassen frischgekochter Langkorn-Reis
1 EL Butter
1/2 Tasse geriebener Käse (z. B. Parmesan)
gehackte Petersilie
1 hartes Ei in Scheiben geschnitten

Die ersten sechs Zutaten zur Hühnerbrühe geben und auf kleiner Flamme etwa 10 Minuten köcheln lassen. Aus Butter und Mehl eine Schwitze bereiten. Hühnerbrühe durchsieben und unter die Schwitze rühren, Sahne hinzugeben. Danach das Hühnerfleisch und die Eierscheiben zur Sauce hinzufügen und mit Salz und Pfeffer abschmecken. Den gekochten Reis mit Butter und Käse vermengen und in eine leicht gebutterte Auflaufform drücken, die 20 Minuten ins heiße Wasserbad gestellt wird. Vor dem Servieren den Reisrand vorsichtig stürzen, das Ragout in die Mitte geben und den Reisrand mit Petersilie und Eierscheiben appetitlich garnieren.

Zuletzt noch das: Ein originelles Gericht, obwohl Sie dabei in erster Linie die Reste Ihres gekochten Huhns sinnvoll verwertet haben.

Hühnerfüllung für Pastetchen

3 EL Butter
150g frische, blättrig geschnittene Champignons
1 1/2 EL Mehl
1 Tasse Hühnerbrühe
1 Eigelb
1/2 Tasse süße Sahne
200g gekochtes, kleingewürfeltes Hühnerfleisch
50g gewürfelter Rindersaftschinken (oder Kochschinken)
1 Glas Weißwein
Salz
Zitronensaft
1 EL geriebener Parmesankäse
4 – 6 (je nach Größe) fertig gekaufte Blätterteigpasteten

Aus 2 EL Butter und dem Mehl eine helle Schwitze rühren, die mit Hühnerbrühe abgelöscht wird. Eigelb und Sahne verquirlen und die Sauce, die nicht mehr kochen darf, legieren. Hühnerfleisch, Schinken und Champignons zur Sauce geben und alles mit Wein, Salz, Zitronensaft und Käse fein abschmecken. Pasteten im Backofen warm machen, das heiße Hühnerragout hineinfüllen und den Pastetendeckel darauf setzen.
Zuletzt noch das: Geht schnell und ist eine gute Methode, Hühnerreste zu einer nicht alltäglichen Mahlzeit zu verwenden.

Ragout fin vom Huhn in Muscheln

2 EL Butter
2 EL Mehl
3/8 l Hühnerbrühe
1 TL Tomatenketchup
2 EL Madeira
Salz, Pfeffer
200g gekochtes, kleingewürfeltes Hühnerfleisch
1 kleine gekochte und gewürfelte Kalbszunge
2 EL geriebener Parmesankäse
2 EL Butter in Flöckchen
1 TL Butter zum Einfetten der Muscheln

Aus Butter und Mehl eine braune Einbrenne bereiten und mit Hühnerbrühe verlängern. Mit Ketchup, Madeira und Gewürzen fein abschmecken. Gewürfeltes Huhn und die Zunge in die Sauce geben und durchziehen lassen. Das Ragout in die Portionsmuscheln füllen, geriebenen Parmesan darüberstreuen und Butterflöckchen darauf verteilen. Im vorgeheizten Grill hellbraun überbacken.

Zuletzt noch das: Die angegebenen Mengen sind für vier Personen bestimmt. Das ist entweder eine warme, gehaltvolle Vorspeise oder mit Weißbrot eine richtige Mahlzeit.

Mit 100 g Geflügel decken Sie 20% Ihres täglichen Bedarfs an Eiweiß.

Hahn und Hühner schlucken munter
Jedes ein Stück Brot hinunter;

Hühnerauflauf mit Nudeln

200g in Stücke gebrochene Makkaroni
1 geschälte Zwiebel
150g gekochtes Hühnerfleisch, in Würfel geschnitten
2 EL Sojasauce
150g in Würfel geschnittener Schinken
4 Tomaten, in Scheiben geschnitten
1/8 l Milch
2 Eier
Salz, Pfeffer
3 EL Semmelmehl
100g geriebener Parmesankäse
2 EL Butter in Flöckchen
Margarine zum Einfetten der Auflaufform

Die Makkaroni mit der ganzen Zwiebel in kochendes Salzwasser geben und nicht allzu weich kochen. Abgießen, abschrekken, Zwiebel herausnehmen und abtropfen lassen. Das gewürfelte Hühnerfleisch mit Sojasauce beträufeln. In eine gefettete Auflaufform abwechselnd Makkaroni, Hühnerfleisch, Schinken, Tomaten und wieder Nudeln schichten. Milch und Eier verquirlen, würzen und über die Masse in der Auflaufform verteilen. Zuletzt mit Semmelmehl und Parmesan bestreuen und mit Butterflöckchen belegen. Im Backofen bei 200 Grad 30 Minuten überbacken. Zuletzt noch das: Zu diesem leckeren Auflauf gehört eine ordentliche Portion Salat, je nach Jahreszeit und Geschmack.

Soufflé mit Huhn

1 nicht zu großes Kochhuhn
Salz
1 Lorbeerblatt
3 Körner Piment
1 Bund Suppengrün
2 Eigelb
4 EL süße Sahne
2 Eiweiß
4 EL Butter

Das Huhn in einer geringen Menge Salzwasser zum Kochen aufsetzen, wobei Lorbeer und Piment zugegeben werden. Nach einer Stunde gesäubertes Suppengrün hinzugeben und so lange garen, bis sich das Fleisch von den Knochen löst. Herausnehmen, entbeinen und das Hühnerfleisch durch den Fleischwolf drehen. Die Masse mit Eigelb, Sahne und Salz gut mischen. Die Eiweiß steif schlagen und locker unter die Masse heben. Jetzt in die Soufflépfanne, die mit Butter ausgestrichen wurde, füllen und mit flüssiger Butter beträufeln. Im Backofen überbacken.
Zuletzt noch das: Sie servieren diese Köstlichkeit am besten gleich in der Soufflépfanne.

Aber als sie sich besinnen,
Konnte keines recht von hinnen.

In die Kreuz und in die Quer
Reißen sie sich hin und her,

Hühnerauflauf mit Vermouth

150g vorgekochter Reis
250g vorgekochtes Hühnerfleisch, in Würfel zerteilt
4 Tomaten in Scheiben
1/8 l Sahne
1 Glas trockener Vermouth
2 Eier
1 EL Tomatenketchup
Salz, Cayennepfeffer, Zucker
2 EL Semmelmehl
2 EL Butter in Flöckchen
Paprika edelsüß
Margarine zum Einfetten der Auflaufform

In eine Auflaufform anwechselnd Reis, Hühnerfleisch, Tomaten und abermals Reis schichten. Sahne, Vermouth, Eier, Tomatenketchup kräftig verquirlen und mit Gewürzen pikant abschmecken. Über die Auflaufform verteilen. Mit Semmelmehl bestreuen, mit Butterflöckchen belegen, mit Paprika überstäuben und im Backofen 30 Minuten bei 200 Grad überbacken. Zuletzt noch das: Auch zu diesem Auflauf sollten Sie einen guten Teller frischen Salat speisen.

Überbackenes Huhn mit Spargel

3 EL Öl
1 Zwiebel, in Würfel geschnitten
250g Champignons (Dose)
250g Spargel (Köpfe oder Abschnitte aus der Dose)
250g gekochtes, in Würfel geschnittenes Hühnerfleisch
20g Butter
20g Mehl
ca. 1/8 l Spargelwasser
1/8 l saure Sahne
1 TL Curry
Salz, Zucker
1 EL Zitronensaft
100g geriebener Käse (Parmesan)
Margarine zum Einfetten der Auflaufform

Öl erhitzen und die Zwiebelwürfel darin andünsten. Champignons hinzugeben und darin durchschwenken. In einer gefetteten Auflaufform Spargel, Hühnerfleisch und Champignons übereinander schichten. Eine Schwitze aus Butter und Mehl bereiten, mit Spargelwasser verlängern, saure Sahne dazu rühren und pikant abschmecken. Die Flüssigkeit über den Auflauf verteilen, Käse darüber streuen und zuletzt mit Curry überstäuben. Bei 200 Grad im Backofen 30 Minuten überbakken.
Zuletzt noch das: Da dies ein verhältnismäßig leichter Auflauf ist, können Sie Reis oder Toast dazu vorsehen.

Grillhähnchen nicht mit Öl allein bepinseln, sondern zum Öl etwas Paprika, edelsüß, geben.

Flattern auf und in die Höh',
Ach herje, herjeminch!

Béchamelhuhn

1 Poularde bzw. kleines Kochhuhn
Suppengrün
Salz
3 Körner Piment
3 EL Butter
3 EL Mehl
2 Eigelb
1 TL Gelatine
2 Eier
6 EL Semmelmehl
Öl zum Ausbacken
1 EL Zitronensaft

Das Huhn nach üblicher Vorbereitung mit
Suppengrün, Salz und Pimentkörnern in
kochendes Wasser legen und halb weich
kochen. Herausnehmen, abtropfen lassen,
enthäuten und in vier Teile zerlegen. Eine
Schwitze aus Butter und Mehl anrühren,
die mit Hühnerbrühe aufgefüllt und zu einem dicken Brei gekocht wird, der sich von
Topf und Löffel lösen muß. 2 Eigelb und
die in etwas kalter Brühe aufgelöste Gelatine hinzurühren. Nun jedes der vier Hühnerteile in die warme Sauce tauchen, so
daß sie völlig überzogen sind. Auf einen
Teller legen, der mit Semmelmehl bestreut
ist und hierauf eine Stunde kalt stellen. Die

Hühnerstücke dann panieren, indem sie erst durch verschlagenes Ei gezogen und dann in Semmelmehl gewälzt werden. In heißem Öl goldbraun backen und vor dem Servieren mit Zitronensaft beträufeln.
Zuletzt noch das: Dieses Kochhuhn erhält durch seinen leckeren gebratenen Mantel eine Nuance, die ein wenig an Backhendl (siehe Seite 87) erinnert.

Ach, sie bleiben an dem langen,
Dürren Ast des Baumes hangen. —
— Und ihr Hals wird lang und länger,
Ihr Gesang wird bang und bänger.

Gebratene Geflügel-stäbchen (Krofetten)

2 EL Butter
1 feingewiegte Schalotte
1 EL feingehackte Petersilie
100g frische Champignons, feingehackt
1EL Mehl
1/8 l Hühnerbrühe
1 Glas Weißwein
1 TL gehackte Zitronenschale (ungespritzt!)
2 Tassen gekochtes, feingehacktes Hühnerfleisch
2 Eigelb
Saft von 1/2 Zitrone
Kräutersalz (aus dem Reformhaus)
Pfeffer, 1 Prise Zucker, geriebene Muskatnuß
4 EL Semmelmehl
Öl zum Ausbacken

In der heißen Butter die Schalotte mit den Champignons und der Petersilie anschwit-

Jedes legt noch schnell ein Ei,
Und dann kommt der Tod herbei. —

zen und Mehl darüber stäuben. Hühnerbrühe, Weißwein und Zitronenschale zufügen und kochen lassen. Hühnerfleisch
zufügen und noch einmal durchkochen.
In die nicht mehr kochende Masse Eigelb
und Zitronensaft geben und mit den Gewürzen lecker abschmecken. Diese Farce
auf einen nassen flachen Teller streichen
und abkühlen lassen. Stäbchen bzw. fin-
gerlange Stücke daraus schneiden, mit
Semmelmehl panieren und in Öl ausbak-
ken.
Zuletzt noch das: Je nach Zahl und Appetit der Esser eine elegante Vorspeise oder
mit den geeigneten Zutaten auch eine
Hauptmahlzeit.

Witwe Bolte in der Kammer
Hört im Bette diesen Jammer;

Das gebratene Huhn

Ahnungsvoll tritt sie heraus:
Ach, was war das für ein Graus!

Nicht erst seit Witwe Boltes unfreiwilliger Hühnerbraterei steht das gebratene Huhn hoch im Kurs. In früheren Jahrhunderten wurde es mit Vorliebe am Spieß gebraten.
Ob Sie nun Ihr Huhn (Hähnchen) auf dem Rost, in der Bratpfanne, im Elektrogrill oder auf dem Holzkohlengrill braten. spielt für die Vorbereitung keine entscheidende Rolle. Gehen wir davon aus, daß Ihr Vogel bereits ausgenommen und bratfertig vorbereitet ist.
Das bratfertige Geflügel sollte immer gut unter kaltem Wasser abgewaschen und anschließend gründlich abgetrocknet werden. Gewöhnen Sie sich an, in das Innere jedes Brathuhns, sofern Sie es nicht regelrecht füllen, einen TL gehackte Petersilie und einen TL Butter zu geben. Das Fleisch bleibt saftiger, der Geschmack wird würziger.
Um das Huhn zu braten, reiben Sie es außen entweder mit Öl oder mit Butter ein – dünner oder dicker. Sie können es auch, falls Sie keine Sorge mit Kalorien haben, mit Speck bedecken oder umwickeln.

Um ein Huhn „ordentlich" zu braten oder zu grillen, muß es dressiert werden. Dieses Wort hat in der Küche eine andere Bedeutung als im Zirkus. Sie müssen Beine und Flügel Ihres Vogels mit Faden oder Stäbchen so nahe am Körper befestigen, daß diese Körperteile als Folge der Erhitzung beim Braten nicht frei durch den Raum schweben. Ihr Brathuhn muß zu einem gefälligen kleinen Paket werden. Selbstverständlich entfernen Sie nach dem Braten oder Grillen vor dem Servieren die Fäden oder Stäbchen.

Zum Braten und Grillen muß das Huhn gut gewürzt werden und zwar in seinem Inneren und außen. Dieses Würzen erfolgt – je nach Geschmack – mit Salz und Pfeffer, mit Salz und reichlich Paprika oder auch mit Salz und viel Curry. Die innere Würzung nehmen Sie vor dem Braten vor. Außen würzen Sie immer erst, nachdem Ihr Huhn oder Hahn etwa 20 Minuten bereits gebrutzelt hat. Sonst zieht das Salz den Saft des Fleisches, der ja drin bleiben soll, nach außen.

Unabhängig von Rezepten, die wir Ihnen auf den folgenden Seiten noch vorschlagen, haben Sie immer die Möglichkeit, Ihren normal gebratenen Vogel durch verschiedene Behandlung oder Zutaten zu einer einmaligen Spezialität aufzuwerten. Die erste Chance besteht darin, daß Sie Ihr Grillhähnchen vor und während des Grillvorgangs mehrmals mit einer pfiffigen Marinade bepinseln oder bestreichen. Dafür folgende Vorschläge:

„Fließet aus dem Aug', ihr Tränen!
All mein Hoffen, all mein Sehnen,
Meines Lebens schönster Traum
Hängt an diesem Apfelbaum!"

Paprika~Marinade

1/2 Tasse Pflanzenöl
1 Knoblauchzehe, mit Salz verrieben
viel Paprika und frisch gemahlener Pfeffer

Alle Zutaten zu einer Marinade vermischen.

Sojasaucen~Marinade

1/2 Tasse Öl
1 EL Sojasauce
1 TL Zitronensaft
1 TL Kräutersalz (aus dem Reformhaus)
schwarzer Pfeffer, frisch gemahlen

Alle Zutaten zu einer Marinade vermischen.

Worcestersauce~ Marinade

1/2 Tasse Öl
1 TL Salz
1 EL Worcestersauce
1 kleine Zwiebel, fein gerieben
1 TL Weißwein

Alle Zutaten zu einer Marinade vermischen.

Tiefbetrübt und sorgenschwer
Kriegt sie jetzt das Messer her,
Nimmt die Toten von den Strängen,
Daß sie so nicht länger hängen,

46

Pikante Marinade

1/2 Tasse Öl
2 EL Zitronensaft
1 TL Salz
1 EL Worcestersauce
1 TL Tomatenmark
1 TL Paprika edelsüß
1 TL Senf
1 kleine Zwiebel, fein gerieben
2 zerdrückte Knoblauchzehen

Alle Zutaten zu einer Marinade vermischen.

Knoblauch-Paste

2 fein zerdrückte Knoblauchzehen
1 TL Salz
1 TL gerebbelter Thymian
1/2 TL schwarzer gemahlener Pfeffer
3 EL Butter

Alle Zutaten zu einer Paste vermischen. Hähnchen innen und außen damit gut einreiben und vor dem Grillen 30 Minuten zugedeckt ruhen lassen. Im Grill knusprig braun braten.

Würzkräuter-Butter

3 EL zerlassene Butter
1 EL feingehackte Petersilie
1 EL Paprika edelsüß
1 TL Frugola (aus dem Reformhaus)
1 TL gerebbelter Thymian
Kräutersalz nach Geschmack

Alle Zutaten gut vermischen und das Hähnchen innen und außen mit der Butterpaste gut bestreichen, anschließend grillen.

Die zweite Möglichkeit, ein Brathuhn individuell zu servieren, besteht in der Zugabe einer ausgefallenen warmen oder kalten Sauce.

Teufelssauce (warm)

100g zerlassene Butter
2 EL geriebene Zwiebeln
3 EL Chilisauce
3 EL Senf
1 TL gemahlener Pfeffer
Kräutersalz (aus dem Reformhaus)
Curry

Die verschiedenen Gewürze in die zerlassene Butter mischen und abschließend mit Kräutersalz und Curry den letzten Schliff geben.

Kräutersauce (kalt)

1/8 l Weißwein
2 EL Öl
1 EL Zitronensaft
1/2 geriebene Zwiebel
1 zerdrückte Knoblauchzehe
1 EL gehackte Petersilie
1 TL gehackter Estragon
1 TL Majoran
1/2 TL Basilikum
1/2 TL Rosmarin
1/2 TL Thymian
1/2 TL Liebstöckel
etwas Zitronenmelisse, Borretsch und Pimpernelle

Alle Zutaten miteinander verrühren.

Apfelsauce (kalt)

100g Apfelmus **oder**
2 feingeriebene frische Äpfel
1/8 l süße Sahne
Salz, Zitronensaft

Apfelmus oder geriebenen Apfel mit Sahne verrühren und anschließend gut abschmecken.

Backpflaumensauce

100g Backpflaumen ohne Kerne
1 feingehackte Knoblauchzehe
Salz, Pfeffer
1 TL feingewiegter Dill

Die Pflaumen einige Stunden in Wasser einweichen und dann in wenig Wasser kochen. Den Sud mit den Pflaumen durch ein Sieb passieren. Langsam weiterkochen und eindampfen lassen, bis die Sauce dickflüssig ist. Gehackte Knoblauchzehe mit Salz zerdrücken und mit Pfeffer und Dill in der Pflaumensauce aufkochen. Abkühlen lassen und kalt zu Hähnchen am Spieß bzw. aus dem Grill servieren.

Und mit stummem Trauerblick
Kehrt sie in ihr Haus zurück.

Ein Brathuhn gewinnt in dem Augenblick an Wohlgeschmack und Pfiff, in dem Sie sich die Mühe machen, eine raffinierte Beilage vorzubereiten. Aus den zahllosen Möglichkeiten ein paar Vorschläge, mit denen wir uns angefreundet haben. Vielleicht finden sie auch Ihre Sympathie . . .

Broccoli - Krofetten

250g Broccoli
Salz
1 in feine Würfel geschnittene Zwiebel
2 EL Butter
Salz, weißer Pfeffer, geriebene Muskatnuß
500g Kartoffeln
Salz
1/2 Tasse Milch
1 EL Butter
1 Eigelb

Die gut gewaschenen Broccoli in wenig Salzwasser garkochen, im Sieb abtropfen lassen, ausdrücken und fein hacken. Zwiebel in Butter anschwitzen, die Broccoli hineingeben und mit den Gewürzen lecker abschmecken.

Die Kartoffeln schälen, in Würfel schneiden und in wenigem kalten Salzwasser ansetzen und garkochen. Wasser abgießen, durch eine Kartoffelpresse drücken oder mit dem Mixer bzw. Pürieransatz zu Brei verarbeiten. Danach mit heißer Milch und Butter schaumig schlagen und mit Salz abschmecken.

Kartoffelpüree und Broccolimus miteinander vermischen. In einen Spritzbeutel füllen und mit der großen Lochtülle Türmchen auf ein Backblech spritzen. Nach dem Bestreichen mit Eigelb im Backofen kurz überbacken.

Ingwer-Äpfel

2 feste Äpfel
2 Ingwerknollen (aus dem Glas)
1/16 l Weißwein

Die Äpfel waschen und die Kerngehäuse
ausstechen. Den in Streifen geschnittenen
Ingwer in die Öffnungen der Äpfel stecken.
Äpfel in eine feuerfeste Form setzen, Wein
hineingießen und im Backofen bei 225
Grad 20 Minuten dünsten.

Indische Curry-Bananen

2 EL Butter
2 TL Curry
2 geschälte halbierte Bananen
Saft von 1/2 Zitrone

Butter in der Pfanne zergehen lassen und
den Curry darin schmelzen. Bananen mit
Zitronensaft beträufeln und in der Pfanne
auf beiden Seiten kurz braten.

Maronentörtchen

2 – 6 (je nach Appetit) Tortelettes aus Mürbeteig (selbst
gemacht oder fertig gekauft)
Maronenpüree (Dose)
Johannisbeergelee oder Preiselbeeren

Die Tortelettes mit Maronenpüree füllen
und je einen TL Gelee oder Preiselbeeren
darauf verteilen.

Preiselbeer-Delikatesse

250g (möglichst frische) Preiselbeeren
200g Zucker
1 Orange

Preiselbeeren mit den von den Kernen be-
freiten geviertelten Orangen durch den

nern. Dabei auch einige kleingeschnittene
Stücke der Schale (natürlich nicht ge-
spritzt!) zugeben. Das Fruchtmark gut mit
dem Zucker verrühren. Bei bereits zuberei-
teten Preiselbeeren weniger Zucker nehmen und abschmecken. In kleinen Schalen oder Muscheln zum Brathuhn servieren.

Pikante Gurken

1 saure Gurke
4 Senfgurken
1 Tasse Kürbis

Alles kleinwürfeln, gut mit einander mischen und erhitzen, jedoch nicht kochen.

Senffrüchte

2 Äpfel, in Scheiben geschnitten
2 Pfirsiche, in Scheiben geschnitten
2 Birnen, in Stücke geschnitten
150g entsteinte Kirschen
1 EL milder Senf
einige Spritzer Worcestersauce
1/2 Tasse Weißwein
1 Prise Zucker
1 EL feingehackte Petersilie

Die Früchte gut miteinander vermischen.
Von Senf, Worcestersauce, Weißwein, Zukker und Petersilie eine pikante Sauce verquirlen und über die Früchte verteilen. Zugedeckt mindestens eine Stunde durchziehen lassen.

Huhn mit Saucen

Ach, Frau Bolte weint aufs neu,
Und der Spitz steht auch dabei.

Brathähnchen mit Barbecue-Sauce

2 EL Butter
1 Tasse Tomatensaft
1/4 TL süßer Paprika
1 Lorbeerblatt
2 TL Worcestersauce
1/2 Tasse Weißwein
1/2 TL Zucker
1 TL Senf
Knoblauchsalz
Salz, Pfeffer
1 Brathähnchen
1 EL Öl
1 mittelgroße, in Ringe geschnittene Zwiebel

Butter in einem Topf zerlassen und die danach folgenden acht Zutaten für die Sauce hinzufügen und mit Salz und Pfeffer abschließend würzen. Unter ständigem Rühren aufkochen lassen und etwa 10 Minuten gut köcheln lassen. Die fertige Sauce kaltstellen.

Hähnchen in vier Teile teilen, mit Öl bestreichen, in einen heißen Topf geben und nach einiger Zeit leicht mit Salz und Pfeffer würzen. Zwiebelringe darüber legen, die erkaltete Sauce darüber verteilen und unter häufigem Begießen etwa 30 Minuten braten. Anschließend wenden und unter ständigem weiteren Begießen fertig gar braten.

Zuletzt noch das: Warum sollten Sie zu diesem mit Sauce gebratenen Hähnchen nicht einmal Pommes frites essen?!

Huhn in Walnuß-Sauce

2 EL Öl
2 EL gewürfelte Zwiebeln
2 EL gewürfelter Speck
2 EL Mehl
1/4 l Hühnerbrühe
1/2 gekochtes und in Streifen geschnittenes Huhn
3 EL gehackte Walnüsse
Salz, weißer Pfeffer
Saft von 1/2 Zitrone
1 Eigelb
1/2 Tasse süße Sahne
2 EL gehackte Petersilie

Im heiß gemachten Öl die Zwiebel und den Speck anrösten. Unter Zugabe von Mehl eine Schwitze bereiten, die mit heißer Hühnerbrühe aufgefüllt und aufgekocht wird. Hühnerfleisch, Nüsse, Salz und Zitronensaft hinzufügen und erneut aufkochen. Eigelb mit Sahne verquirlen und unter die nicht mehr kochende Sauce ziehen. Zuletzt Petersilie überstreuen.

Zuletzt noch das: Das spezielle Aroma dieses Gerichts wird am besten mit Butterreis und Salat ergänzt.

Hähnchen in Paradiesäpfel-Sauce

250g gewürfelte Zwiebeln
2 EL Öl
1 kleine Dose Tomaten
2 feingedrückte Knoblauchzehen
1 TL Oregano
ein wenig Rosmarin
Salz, Pfeffer
100g kalifornische Weinbeeren
1 Glas Weißwein
1 Hähnchen
Cayennepfeffer
2 EL Butter

Die Zwiebelwürfel im Öl dünsten, bis sie glasig werden. Tomaten mit ihrem Saft, die Knoblauchzehen, das Gewürz, die Weinbeeren und den Wein zufügen. Alles 10 Minuten im offenen Topf kochen lassen. Hähnchen in vier Stücke zerteilen und mit Salz und Cayennepfeffer einreiben. In der nicht zu heißen Butter langsam braun braten. Danach in der Tomatensauce noch 30 Minuten unter dem Deckel schmoren lassen.

Zuletzt noch das: Sie haben es schon gemerkt – die Paradiesäpfel sind der poetische Name für Tomaten. Sie können deftiges Bauernbrot dazu essen.

Durch den Schornstein mit Vergnügen
Sehen sie die Hühner liegen,
Die schon ohne Kopf und Gurgeln
Lieblich in der Pfanne schmurgeln.

Hühnchen in Madeira-Sauce

1 Poularde
Salz, Pfeffer
1 feingewürfelte Zwiebel
1 Glas Madeira
1 Tasse Hühnerbrühe
2 halbe Tomaten
1 TL Speisestärke
2 EL Sahne
Salz, Paprika

Die kalt abgewaschene und gut getrocknete Poularde in vier Teile zerlegen, mit Salz und Pfeffer einreiben und in heißem Öl goldgelb braten. Zwiebel ins Bratöl geben, mit Madeira und Hühnerbrühe verlängern, die Tomaten hinzugeben und garen lassen. Die Hähnchenteile herausnehmen und warm stellen. Die Sauce durch ein Sieb geben und mit der mit Sahne verquirlten Speisestärke andicken. Zuletzt mit Salz und Paprika und – wenn nötig – einem letzten Spritzer Madeira pikant abschmekken.

Poularde in Weißwein

1 Poularde
Salz, Pfeffer aus der Mühle
2 EL Butter
1 gewürfelte Schalotte
1 Lorbeerblatt
2 Pimentkörner
1 Glas Weißwein
200g frische, in Scheiben geschnittene Champignons
1 TL Speisestärke
1 Tasse Sahne
1 Prise Zucker
1 EL gehackte Petersilie

Die Poularde in vier Teile zerlegen und mit Salz und Pfeffer aus der Mühle einreiben. In nicht zu heißer Butter anbräunen. Scha-

lotte, Lorbeerblatt und Weißwein hinzufügen und garen lassen. Die fertig gegarten Poulardenstücke herausnehmen und warm stellen. Die Champignons in die Sauce geben und etwas dünsten lassen. Stärkemehl mit Sahne verquirlen, die Sauce damit etwas andicken. Mit einer Prise Zucker abschmecken. Die Sauce über die Poulardenstücke gießen und Petersilie darüberstreuen.

Zuletzt noch das: Mit Elsässer Riesling ist das eine berühmte Spezialität, die mit Spätzle serviert wird. Merken Sie sich: auch zum Kochen nur guten Wein verwenden. Es hebt den Geschmack.

Delikates Huhn mit Zwiebelchen

1 Poularde
50g Butter
100g Perlzwiebeln
100g kleine, frische Champignons
1 Glas Weißwein
1 Tasse Fleischbrühe
Salz, weißer Pfeffer
1 Tasse süße Sahne
2 Eigelb
1 Prise Zucker
1 EL gehackte Petersilie

Die Poularde in Viertel teilen und in Butter anbraten. Perlzwiebeln und geputzte Champignons hinzugeben, und mit Weißwein und Fleischbrühe den Sud verlängern. Nach dem Würzen mit Salz und Pfeffer 45 Minuten garen. Sahne mit Eigelb verquirlen, und die Sauce damit legieren. Zuletzt mit Zucker abschmecken und Petersilie darüber streuen.

Zuletzt noch das: Besonders appetitlich dazu schmecken kleine Pellkartöffelchen.

Masthähnchen „Danmark"

1 Hähnchen
2 EL Öl
Salz, schwarzer Pfeffer aus der Mühle
2 Äpfel
2 dünne Scheiben durchwachsener Räucherspeck
1 TL Butter
1 TL Zitronensaft
1 EL brauner Zucker
1/2 TL Majoran

Hähnchen der Länge nach halbieren und die auf der Fleischseite sichtbaren Kochen mit einem sehr scharfen Messer herauslösen. Wie üblich waschen und gut trocknen und allseitig mit Salz und Pfeffer einreiben. In erhitztem Öl Hähnchen auf beiden Seiten hellbraun anbraten. Die Hautseite nach oben, Hähnchen in den auf 175 Grad vorgeheizten Backofen schieben. Speck in einer Pfanne ausbraten, Äpfel hinzufügen und Butter, Zitronensaft, Zucker und Majoran darüber geben. Bedeckt noch 10 Minuten schmoren lassen und beim Servieren den Bratensaft darübergeben.
Zuletzt noch das: Diese dänische Hähnchen-Zubereitung wird gewöhnlich mit frischen, in Butter gebratenen Champignons und gerösteten Weißbrotabschnitten serviert. Ein dänischer Aquavit dazu schadet bestimmt nicht.

Ihr Grillhähnchen kann auch weiblich sein, es werden unter dieser Bezeichnung Jungtiere unter 1200g verkauft. Das Geschlecht ist nebensächlich. Der kleine Unterschied ist hier besonders klein!

Hähnchen mit Steinpilzsauce

1 Hähnchen
Salz
3 EL Öl
3 EL Zwiebelwürfel
3 EL Rotwein
1/4 l Fleischbrühe
1 Tasse kleingeschnittene Steinpilze
1 EL Stärkemehl
Rotwein zum Andicken
1 TL gehackte Petersilie

Das gewaschene und abgetrocknete Hähnchen je nach Größe in 8 - 12 Stücke teilen und ganz leicht salzen. In heißem Öl anbraten, Zwiebeln hinzufügen und 10 Minuten später Rotwein dazugießen. Anschließend Fleischbrühe zugeben und 15 Minuten kochen. Darauf die vorbereiteten Steinpilze hineingeben und so lange sanft vor sich hinkochen lassen, bis das Fleisch gar ist. Stärkemehl und Rotwein kalt anrühren und die Sauce damit binden und So abschmecken, daß Pilze und Rotwein sich gegenseitig gut ergänzen. Vor dem Servieren Petersilie darüber streuen.
Zuletzt noch das: Als Beilage ist Kartoffelschnee (passierte Salzkartoffeln ohne Milch) gut geeignet.

Huhn nach Schweizer Manier

1 gevierteltes Masthuhn
Salz, Cayennepfeffer
1 TL edelsüßer Paprika
1 EL Butter
1/2 feingehackte Zwiebel
1 gewürfelte Karotte
1/2 gewürfelter Sellerie
1/2 Stange in Scheiben geschnittener Porree
2 EL Weißwein
100g frische, in Scheiben geschnittene Champignons
2 EL süße Sahne
1 TL Butter
1 TL Mehl

Die Hühnerteile mit Salz und Paprika würzen und in Butter braten. Nach 20 Minuten Zwiebel und Gemüse hinzugeben, leicht dämpfen und Wein mit Champignons folgen lassen. Nach 5 – 10 Minuten die Hühnerteile herausnehmen und warm stellen. Das Gemüse noch eine knappe Viertelstunde langsam fertig garen lassen. Sahne zugießen und mit verknetetem Mehl und Butter die Sauce sämig rühren. Zuletzt die Gemüsesauce über das Huhn gießen und so servieren.
Zuletzt noch das: Die Schweizer wissen schon, wie man ein Güggeli, wie man das dort nennt, lecker zubereitet. Das kann man unbesehen kochen.

Hähnchenpaprikasch

1 in Würfel geschnittene Zwiebel
3 EL Öl
1 Hähnchen
Salz, 5g Paprika
Knoblauchsalz
1 in Scheiben geschnittene grüne Paprikaschote
1 in Scheiben geschnittene Tomate
1 TL Mehl
1 Tasse süße Sahne
1 EL gehackte Petersilie

Die Zwiebel in heißem Öl andünsten und das in vier Teile zerlegte Hähnchen hinzu-

geben. Salzen und mit Paprika und Knoblauchsalz nachwürzen. Nach dem kräftigen Anbraten Paprikaschoten und Tomate hinzugeben und das Hühnchen gut gar dünsten. Mehl mit Sahne verrühren und die Sauce damit andicken. Vor dem Servieren noch einmal abschmecken und mit Petersilie bestreuen.

Zuletzt noch das: Zu diesem kräftigen Hähnchen in Sauce essen Sie am besten Salzkartoffeln oder Nudeln und einen saftigen Salat.

Masthuhn mit Mandarinen

1 Poularde
2 EL Butter
Kräutersalz (Reformhaus)
1 Glas Sherry
2 geschälte, gewürfelte Äpfel
1 Dose Mandarinen
1 TL Zitronensaft
Salz, Cayennepfeffer
1 TL edelsüßer Paprika
1 EL Mehl
1 Tasse Sahne
Zucker
1 EL gehackte Petersilie

Eine Poularde in Viertel teilen und in nicht zu heißer Butter anbraten. Kräutersalz darüber streuen und Sherry dazu gießen, 30 Minuten dünsten lassen. Darauf Apfelstücke, Mandarinen mit Saft und Zitronensaft zugeben und mit Salz, Cayennepfeffer und Paprika würzen. Noch 15 Minuten schmoren lassen. Mehl und Sahne verquirlen und die damit angedickte Sauce mit Zucker abschmecken. Beim Anrichten mit Petersilie bestreuen.

Zuletzt noch das: Obst – wie hier Äpfel und Mandarinen – verträgt sich gut mit Hühnchen. Als Beilage nehmen Sie körnigen Reis.

Poularde mit Sauerkirschsauce

1 Poularde
Kräutersalz (Reformhaus)
Cayennepfeffer
1 Strauß Petersilie
3 EL Öl
1/4 l Hühnerbrühe
1 TL Speisestärke
200g entkernte und halbierte Sauerkirschen
1 Gläschen Kirschwasser
1 Prise Zucker

Die Poularde nach der üblichen Vorbereitung (gründliches Abtrocknen nie vergessen!) innen und außen mit Salz und Pfeffer einreiben. In das Innere die Petersilie stecken. Den Vogel im heißen Ofen knusprig braun braten, wobei Sie den dabei entstehenden Bratensatz mit Fleischbrühe nach und nach auffüllen. Die fertig gegarte Poularde herausnehmen und warmstellen. Die Sauce mit Speisestärke binden und die Sauerkirschen hinzuschütten. Etwas ziehen lassen und zuletzt mit Kirschwasser und Zucker abschmecken. Entweder Sauerkirschen zum Servieren über die Poularde gießen oder getrennt auftragen.

Zuletzt noch das: Eigentlich ein ganz einfaches Rezept, aber es wirkt ebenso originell, wie es schmeckt.

Schneiden Sie von „bratfertigen" Poularden vor dem Braten die Traandrüsen am Pürzel ab, damit das Gericht nicht tranig schmeckt.

Aber schon sind sie ganz munter
Fort und von dem Dach herunter.

Hähnchen indische Art

1 Hähnchen
Kräutersalz, Paprika
2 EL Öl
1 geschälter, gewürfelter Apfel
1 geschälte, gewürfelte Banane
1 – 2 TL Curry
1/4 l Hühnerbrühe (Würfel)
1 EL Speisestärke
1/2 Tasse süße Sahne
1 EL geriebene Mandeln

Hähnchen mit Kräutersalz und Paprika würzen, in heißem Öl anbraten und im Backofen bei 200 Grad noch 30 – 45 Minuten fertig braten. Herausnehmen und auf einer Anrichtplatte warmstellen. In den Bratensatz Apfel und Banane geben und kurz dünsten. Curry darüber streuen, mit (möglichst frischer) Hühnerbrühe verlängern und einmal durchkochen. Speisestärke mit Sahne anrühren und die Sauce damit andicken. Nach dem Abschmecken durch Zugabe der Mandeln verfeinern. Zuletzt noch das: Um im inländischen Stil zu bleiben, essen wir körnigen Reis dazu, garnieren mit etwas Mango Chutney, lassen uns aber auch einen heimischen grünen Salat gut schmecken.

Poularde de lux

1 kleine Poularde
200g grobgeschnittene Karotten
40g Butter
1 Tasse Wasser
Salz, Piment
2 Eigelb
30g Butter
100g gedünstete Champignons
1 in Stückchen geschnittene Trüffel
1 Glas Cognac
3 EL Sahne
150g Gänseleber
1 EL Mehl
Salz, Pfeffer aus der Mühle
40g Butter

Poularde mit Karotten in Butter anbraten und mit Wasser auffüllen. Nach Zugabe von Salz und Piment weichdünsten. Brühe durch ein Sieb geben und danach mit Eigelb und Butter zu einer geschmeidigen Sauce schlagen. Champignons, Trüffel und Cognac zugeben und mit Sahne legieren. Die Gänseleber mit Mehl bestäuben, mit Salz und Pfeffer würzen und in Butter nicht zu heiß braten. Beim Servieren die tranchierte Poularde auf einem Reissockel anrichten, mit Gänseleber zierlich umlegen und die Sauce getrennt auftragen.
Zuletzt noch das: Dies ist genau das, was man ein „üppiges Mahl" nennen könnte, wobei Sie natürlich beispielsweise die Trüffel einsparen können. Aber es gibt ja Festtage, an denen auch ein Huhn „Spitze" sein kann.

Alle Hühner waren fort,
„Spitz!" — Das war ihr erstes Wort.

Hähnchen „abricot" flambiert

1 Hähnchen
Salz, Cayennepfeffer, edelsüßer Paprika
2 EL Öl
500g Aprikosen aus der Dose
4 EL Butter
1 TL milder Senf
4 EL Sahne
50g geblätterte Mandeln
1 Glas Weinbrand

Hähnchen innen und außen mit Salz, Cayennepfeffer und Paprika einreiben und in Öl anbraten. Den Saft von den Aprikosen abgießen und den Bratfond des Hähnchens damit auffüllen. Knusprig braten, in Portionsstücke schneiden und warm stellen. Zwei Drittel der Aprikosen pürieren und in einen Topf mit 3 EL geschmolzener Butter geben. Senf, Bratensaft und Sahne zufügen. In dieser Aprikosensauce das Fleisch und die übrig gebliebenen ganzen Aprikosen erhitzen. In einer Pfanne Mandeln mit 1 EL Butter goldgelb rösten. Hähnchen mit Sauce in einer Bratenschale anrichten, Mandeln auf die Hähnchenstücke verteilen, angewärmten Weinbrand darauf gießen und bei Tische anzünden. Zuletzt noch das: Das effektvolle Gericht, das Sie mit Toast verzehren können, schmeckt außerordentlich apart.

Coq au vin

1 Hähnchen
Salz, Cayennepfeffer
2 EL Butter
1 Scheibe gewürfelter Schinken
2 Gläser Cognac oder Weinbrand
1/4 l Rotwein
1 Lorbeerblatt
3 Körner Piment
125g geviertelte Steinpilze
100g geviertelte Champignons
1 geriebene Schalotte
2 EL Sahne
2 TL Mehl
1 EL feingehackte Petersilie

Das vorbereitete und halbierte Hähnchen mit Salz und Cayennepfeffer einreiben. Zusammen mit Schinkenwürfeln in heißer Butter anbraten. Mit Cognac (je echter desto besser) ablöschen und kurz flambieren. Die Hälfte des Rotweins, Lorbeerblatt und Piment zugeben und 30 Minuten garen lassen. Danach Pilze, Schalotte und den zweiten Teil des Rotweins hinzugeben und noch 10 Minuten weiterschmoren lassen. Das gare Hähnchen herausnehmen, und das Fleisch geschickt von dem Knochen lösen. Sahne und Mehl verquirlen und die Sauce, die über die Fleischstücke verteilt wird, damit anreichern. Zuletzt mit Petersilie bestreuen.

Zuletzt noch das: Dieses klassische französische Rezept, das es in mancherlei Abwandlungen gibt, gewinnt mit der Qualität des Rotweins, den Sie dafür opfern.

Hamburger Stubenküken

4 Mastküken
Salz, Pfeffer
4 hauchdünne große Speckscheiben
2 EL Butter
1/2 Tasse Wasser
1/2 Tasse Weißwein
1 Tasse saure Sahne
2 TL Speisestärke
Zucker

Die Mini-Hähnchen innen und außen nur leicht salzen und pfeffern und mit Speckscheiben umwickeln, die festgebunden werden. Zuerst in heißer Butter rundherum anbraten, dann etwas Wasser nachfüllen und 30 Minuten weiterbraten. Wenn die Küken gar sind, herausnehmen und warm stellen. Sauce mit Weißkohl aufkochen. Mit Speisestärke verquirlte Sahne zum Dicken der Sauce zugeben und mit Zucker abschmecken. Küken am besten mit feinem Gemüse, Erbsen, Möhren, Spargel, umlegen und mit Kartoffelkroketten servieren.
Zuletzt noch das: Zugegeben – jedermanns Geschmack sind die Stubenküken nicht. Aber es ist nun einmal eine bekannte Hamburger Geflügelspezialität!

Hähnchen nach Tessiner Art

1 Hähnchen
Salz, Pfeffer
2 EL Butter
1 EL Tomatenmark
3 EL Weißwein
1 EL Öl
2 in Scheiben geschnittene Zwiebeln
2 Scheiben Weißbrot
50g geriebener Parmesan
1 EL gehackte Petersilie

Hähnchen nach üblicher Vorbereitung innen und außen salzen und pfeffern und in Butter knusprig braten. Die Knochen herauslösen. Den Bratfond mit Tomatenmark und Weißwein auffüllen und aufkochen lassen. Zwiebelscheiben in Öl anrösten und pfeffern. Weißbrot rösten oder toasten, Hähnchenfleisch darauf verteilen, die Bratensauce darüber gießen und mit Zwiebeln bedecken. Zuletzt mit Käse und Petersilie bestreuen und im heißen Grill überbacken, bis der Käse geschmolzen ist und sich eine Kruste gebildet hat. Zuletzt noch das: Mit Salat servieren.

Max und Moritz im Verstecke
Schnarchen aber an der Hecke.
Und vom ganzen Hühnerschmaus
Guckt nur noch ein' Bein heraus.

Geflügel vor dem Braten gut abtrocknen - das verkürzt die Bratzeit.

Folie und Römertopf

Poularde in Alufolie

1 Poularde
Salz
1 Sträußchen Petersilie
1 Sträußchen Salbei
60g Butter
2 EL Sahne

Die Poularde wie üblich innen und außen salzen und die Kräuter mit 1 TL Butter in das Innere geben. Die übrige Butter schmelzen, die Poularde und die Alufolie einfetten und den Vogel gut verpacken. Im heißen Backofen 50 Minuten garen lassen. Zuletzt die Folie öffnen und das Huhn mit Oberhitze bräunen lassen. Den in der Alufolie angesammelten Fleischsaft mit Sahne binden.
Zuletzt noch das: Sie servieren dazu vielleicht einen mit Champignons abwechslungsreich gemachten Reis, über den Sie die Sahnesauce gießen können.

Pikantes Hähnchen nach östlicher Art

1 Hähnchen
1 EL milder Senf
1 EL Tomatenketchup
2 EL Öl
Salz, Cayennepfeffer, Knoblauchsalz
4 Scheiben geräucherter Speck

Das Hähnchen vom Rückgrat her, das man vorsichtig auslöst, aufschneiden, aus-

einanderklappen, aber so, daß es am Brustbein noch zusammenhängt. Möglichst flach drücken. Beide Hähnchenseiten mit einer Mischung aus Senf, Tomatenketchup, Öl und Gewürzen bestreichen. Auf den Grillrost zwei Scheiben Speck legen, das vorbereitete Hähnchen darauf setzen und mit zwei weiteren Scheiben Speck abdecken. Im vorgeheizten Grill garen lassen.

Zuletzt noch das: Dieses Rezept stammt aus dem Kaukasus und kann mit Weißbrot und einer Gurkenbeilage angereichert werden.

Ein zweiter, Gackerich genannt,
Kommt auch sogleich herzugerannt

Der Gickerich, ein Gockel fein,
Guckt in den Topf voll Brüh hinein.

Und jeder langt mit Mühe
Im Topfe nach der Brühe.

Buntes Hähnchen im Römertopf

1 Hähnchen
Kräutersalz (aus dem Reformhaus)
Paprika
2 El Öl
500g bunt gemischtes Gemüse, in Würfel geschnitten,
*   z. B. Karotten, Blumenkohl, Tomaten*
150g Erbsen (frisch oder tiefgekühlt)
2 Paprikaschoten, in Würfel geschnitten
2 EL Butter in Flöckchen
Salz
2 EL gehackte Petersilie

Hähnchen nach üblicher Vorbereitung innen und außen mit Kräutersalz und Paprika würzen und mit Öl einreiben. In den 15 – 20 Minuten vorher gewässerten Römertopf das Hähnchen geben und in den kalten Backofen schieben, der auf 200 Grad angeheizt wird. Nach 30 Minuten den Römertopf vorsichtig öffnen, und die Gemüse um das Hähnchen herumlegen. Mit Butterflöckchen bestreichen und leicht mit Salz und Paprika würzen. Erneut verschließen und fertig garen lassen. Vor dem Servieren mit Petersilie bestreuen.
Zuletzt noch das: Wenn Sie Wert auf eine kalorienarme Mahlzeit legen, verzichten Sie auf das Einreiben mit Öl und einen Teil der Butterflöckchen.

Durch Füllung mehr auf dem Teller

Wer von einem Brathuhn ein oder sogar zwei Portionen mehr haben will, kann daran denken, es zu füllen. Dann brutzelt die Füllung im Innern des Huhns – woraus sie auch im einzelnen bestehen mag – lecker mit und hilft, den hungrigen Magen zu stopfen.

Genau hier setzen andererseits die Bedenken mancher Kochkünstler ein: Sie sind der Meinung, wenn schon so ein Vogel gebraten werde, dann sollten die Esser aber auch nichts anderes vorgesetzt bekommen als delikates Hühnerfleisch. Unter keinen Umständen aber etwas, womit die Menge des Huhns gestreckt und gewissermaßen in die Länge gezogen wird.

Dieser Standpunkt hat sicher etwas für sich. Die meisten essen lieber ein knuspriges Hühnerbein oder eine saftige Hühnerbrust als eine mehr oder minder nach Huhn schmeckende Fleisch- oder sonstige Füllung, die bestenfalls etwas von den Innereien enthält.

Aber die Füllung „verlängert" nicht nur das Huhn, sondern sie kann auch in ihrer Eigenart ungemein reizvoll und schmackhaft sein und eine neue überraschende Geschmacksnuance zum Hühnerfleisch beitragen. Vor allem aber lehrt die praktische Erfahrung, daß eine Füllung den Vogel als Ganzes zu heben weiß. Er wird leckerer, bleibt saftiger, wenn auch aus seinem Inneren zusätzliche Einflüsse auf den Geschmack ausgehen. Wenn Sie sich also aus dem einen oder anderen Grund für eine Füllung entscheiden, dann sollten Sie dabei nicht ständig die gleiche Einheitsfüllung vorsehen sondern häufig abwechseln, so daß Ihre Esser zur Vorfreude auf das leckere Hähnchen oder Hühnchen auch noch das amüsante Ratespiel haben, welche Überraschung denn wohl die Füllung in sich bergen werde. Im übrigen: wer bei der eigentlichen Mahlzeit ausschließlich Huhn

essen will, kann die mitgebratene Füllung zu einem späteren Zeitpunkt als Nebenmahlzeit oder als originellen Brotbelag verwenden, womit die Ehre der Füllung in jedem Fall gerettet ist.

Wenn Sie an's Füllen gehen, dürfen Sie die innere Höhlung Ihres Huhnes nicht etwa bis zum letzten Winkel vollstopfen. Während des Bratens dehnt sich nämlich die Füllung aus und beansprucht mehr Raum. Daher darf die Füllung immer nur locker eingefüllt werden und muß die Möglichkeit zu einer gewissen Entfaltung haben. Ebenso wichtig ist, daß Sie gefülltes Geflügel gut verschließen, damit die Füllung nicht austritt und den eigentlichen Bratsud verfälscht. Sie müssen also die Hühnerhaut am Hinterende vor der Öffnung gut zusammenlegen und entweder mit Holzstäbchen zustecken oder mit Nadel und Baumwollfaden kurzerhand zunähen.

Lassen Sie Ihre eigene Phantasie für Möglichkeiten der Füllung nicht dadurch beeinträchtigen, daß wir Ihnen mit vierzehn verschiedenen Füllungsvorschlägen den Start erleichtern wollen.

Estragonfüllung

Salz, Pfeffer
1 TL Butter
frischer Estragon

Hähnchen innen mit Salz und Pfeffer einreiben. Butter hineinlegen. Locker mit Estragon füllen und verschließen.

Aromafüllung

5 EL Butter
Salz, Pfeffer
1 TL Majoran
1 EL Zitronensaft

Alle Zutaten gut miteinander vermischen und verkneten. Das Hähnchen innen gleichmäßig damit einreiben.

Reisfüllung

1 Tasse gekochter Reis
2 EL Rosinen
1TL Butter
1 Prise Curry
Salz
1 TL Petersilie

Alle Zutaten gut miteinander vermischen. Das Hähnchen damit füllen und verschließen.

Gemüse-Bratwurstfüllung

1 TL Butter
1 geraspelte Karotte
1/4 geraspelter Sellerie
1 feingeriebene Zwiebel
Füllung einer Bratwurst
1 TL Petersilie

Butter zerlassen. Karotte, Sellerie und Zwiebel darin andünsten. Bratwurstfüllung

und Petersilie daruntermischen, pikant abschmecken und in das Hähnchen füllen.

Würzbrotfüllung

20g Butter
1 Ei
1 in Milch eingeweichtes Brötchen
Salz, Pfeffer, Muskatnuß
1 TL Petersilie

Butter schaumig rühren. Das Ei daruntermischen. Diese Masse mit dem Brötchen
vermengen und nach Zugabe der Gewürze einschließlich der Petersilie gut abschmecken. In das Hähnchen füllen und
verschließen.

Nudelfüllung

100g gekochte Bandnudeln
2 EL geriebener Parmesankäse
1 Ei
100g gewürfelter roher Schinken
Salbei, Majoran, weißer Pfeffer

Nudeln, Käse, Ei und Schinken mischen
und mit den Gewürzen kräftig abschmekken. Einfüllen und verschließen.

Curry-
Hackfleischfüllung

100g Beefsteakhack
100g gemischtes Hackfleisch
1 Ei
1 geriebene Zwiebel
Salz, Pfeffer
1 TL Curry
1 EL gehackte Petersilie
1 EL Schnittlauch

Fleisch mit Ei, den Kräutern und der Zwiebel vermischen. Würzen und mit Curry abschmecken. Einfüllen und verschließen.

Champignonfüllung

1 EL Butter
Herz, Magen, Leber des Geflügels, feingehackt
100g frische, blättrig geschnittene Champignons
1 gewürfelte Paprikaschote
1 gewürfelte Zwiebel
1 EL gehackte Petersilie
1/2 in Milch eingeweichtes und ausgedrücktes Brötchen
Salz, Pfeffer
1 TL edelsüßer Paprika
Saft einer 1/2 Zitrone

Butter in der Pfanne schmelzen lassen. Innereien darin anrösten und zuletzt Champignons und Paprikaschote kurz mitdünsten. Erkalten lassen und mit Petersilie und Brötchen verkneten. Würzen und mit Zitronensaft fein abschmecken. Einfüllen und verschließen.

Kräuter- Hackfleischfüllung

100g Hackfleisch
1 Ei
1/2 in Milch eingeweichtes und ausgedrücktes Brötchen
Salz, Pfeffer
1 EL Petersilie, gehackt
1 EL Melisse, gehackt
1 TL Rosmarin
etwas Oregano

Zutaten in der Reihenfolge ihrer Erwähnung gut miteinander vermischen und abschmecken. Einfüllen und verschließen.

Paprikafüllung

1 Tasse gekochter Reis
1 feingeriebene Zwiebel
1 kleine gewürfelte Paprikaschote
1 TL Tomatenketchup
Salz, Pfeffer, Knoblauchsalz
1 TL gehackte Petersilie

Reis mit Zwiebel und Paprikaschote vermischen. Tomatenketchup unterziehen, würzen und abschmecken. Einfüllen und verschließen.

Bratwurstfüllung

1 EL Butter
125g Champignons aus der Dose
1 gewürfelte Paprikaschote
Füllung einer Kalbsbratwurst
1 EL gehackte Petersilie
Salz, weißer Pfeffer

Butter in der Pfanne schmelzen. Abgetropfte Champignons und Paprikaschote
darin andünsten. Masse der Kalbsbratwurst sowie Petersilie hinzugeben, gut verrühren und würzen. Einfüllen und verschließen.

Kartoffelfüllung

1 Tasse Backpflaumen ohne Kerne
2 Tassen durchgepreßte gekochte Kartoffeln
2 Eier
1 EL Zitronensaft
2 EL Semmelmehl
Salz, Pfeffer, Rosmarin

Backpflaumen am Tag zuvor in Streifen
schneiden und über Nacht einweichen.
Die abgetropften Pflaumen zuerst mit Kartoffelschnee und dann mit den übrigen Zutaten mischen. Zuletzt würzen, abschmekken, einfüllen und verschließen.

Nußfüllung

1 in Milch eingeweichtes und ausgedrücktes Brötchen
100g gehackte Haselnüsse, Walnüsse oder Pistazien
3 EL Sahne
1 EL gehackte Petersilie
Salz, Pfeffer

Brötchen mit Nüssen und Sahne verkneten. Petersilie und Gewürze hinzugeben.
Abschmecken, einfüllen und verschließen.

Käsefüllung

1 in Milch eingeweichtes und ausgedrücktes Brötchen
1 Ei
50g geriebener Parmesankäse
1 EL Petersilie
Salz, Pfeffer

Brötchen mit Ei und Käse vermischen. Petersilie zugeben und mit Gewürzen abschmecken. Einfüllen und verschließen.

Poularde, gefüllt, in Alufolie

1 Poularde
Salz, Pfeffer
2 kleine Äpfel ohne Kerngehäuse, Blüte und Stiel
1 EL gehackte Petersilie
1 EL Öl
Paprika

Poularde innen salzen und pfeffern, Äpfel und Petersilie in das Innere füllen und entweder zunähen oder mit Rouladenspießen zustecken. Außen mit Öl bestreichen und Paprika darüber stäuben. Geölte Alufolie darumwickeln, verschließen und im Backofen oder Grill ca. 60 Minuten backen. Zuletzt noch das: Öffnen Sie die Folie in den letzten 10 Minuten, um die Poularde mit Oberhitze knusprig zu bräunen. Sie können dazu Rotkohl und Salzkartoffeln essen.

Wer seine Gans mit gewürfelter Möhre spickt, zieht ihr Fett heraus und verfeinert den Geschmack.

Der Gicker· und der Gackerich
Betrachten und fixieren sich.

Poularde, in Sekt gedünstet

1 Poularde
Salz, Pfeffer
4 EL Butter
150g in Blätter geschnittene Champignons
1 TL Zitronensaft
Kräutersalz (aus dem Reformhaus)
1 Glas Sekt
1/2 Tasse Sahne
1 TL Speisestärke
1 EL gehackte Petersilie

Die Poularde innen und außen salzen und
pfeffern. In 2 EL heißer Butter die Champignons mit Zitronensaft und Kräutersalz andünsten. Damit die Poularde füllen und verschließen. In der restlichen Butter die Poularde rundherum anbraten. Den Bratfond
mit Sekt verlängern und etwas einkochen
lassen. Die gegarte Poularde herausnehmen. Die als Füllung mitgegarten Champignons in die Sauce geben, die mit Sahne
gebunden und - wenn nötig - mit ein wenig
Speisestärke leicht angedickt wird. Champignons und Sauce um die Poularde ver-

teilen und alles mit Petersilie überstreuen.
Zuletzt noch das: Als Beilage sind Pommes frites und grüner Salat gut geeignet.
Übrigens: wer statt Sekt (bitte, nicht die billigste Sorte) sogar Champagner nehmen will, darf das unbedenklich.

Orientalische Hähnchen

1 Hähnchen
Salz, Pfeffer
1 Brötchen
2 EL Butter
1 TL Thymian
1 geriebene Zwiebel
3 EL Sojasauce
2 TL Zitronensaft
1 EL Öl
2 in Streifen geschnittene grüne Paprika
2 abgezogene, halbierte Tomaten
2 in dicke Scheiben geschnittene Bananen
100g Karotten aus der Dose

Hähnchen wie üblich vorbereiten: abwaschen, abtrocknen, würzen. Brötchen in Würfel schneiden und in heißer Butter mit Salz, Pfeffer und Thymian vermischen. Die Hälfte der Brotwürfel in das Hähnchen füllen, und dieses verschließen. Das Hähnchen mit einer Marinade aus Sojasauce, Zitronensaft und Öl rundum einpinseln. Im Backofen bei 225 Grad im vorgeheizten Herd 30 Minuten braten. Gemüse mit Bananen, mit den restlichen Brotwürfeln um das Hähnchen herum in der Bratpfanne verteilen. Abermals mit Marinade bepinseln und in weiteren 30 Minuten gar braten.

Gefüllte Henne, balkanisch

1 Poularde
Salz, Cayennepfeffer
20g gewürfelter, geräucherter Speck
1 EL gewürfelte Zwiebel
1 EL gewürfelte frische Champignons
1 EL gewürfelte Gänseleber
Salz, schwarzer Pfeffer
1/2 TL Majoran
1 hartgekochtes, gehacktes Ei
1 EL gehackte Petersilie
1/2 in Milch eingeweichtes und ausgedrücktes Brötchen
2 EL Öl

Poularde wie üblich vorbereiten, mit Salz und Pfeffer würzen. Speck in der Pfanne glasig werden lassen und darin Zwiebeln, Champignons und Gänseleber rösten und anschließend mit Salz, Pfeffer und Majoran würzen. Diese Masse mit Ei, eingeweichtem Brötchen und Petersilie zu einer Füllung vermischen und in der Poularde verstauen. Das Huhn mit Öl einreiben und nach Belieben im Grill oder auf dem Rost gar braten.

Zuletzt noch das: Sie können sich wohl selbst vorstellen, wie lecker diese Füllung, deren Rezept aus Siebenbürgen kommt, schmeckt.

Masthähnchen nach russischer Art

1 Hähnchen
Salz, Pfeffer
1 in Milch eingeweichtes Brötchen
100g gewürfelter roher Schinken
1 EL feingehackte Petersilie
1 EL feingehackter Dill
50g gehackte Walnüsse
3 EL Öl
1/4 l Fleischbrühe
100g geriebene rote Beete
1/2 Tasse saure Sahne

Hähnchen wie üblich vorbereiten, mit Salz und Pfeffer einreiben. Eingeweichtes Brötchen mit Schinken, Walnüssen, Petersilie und Dill vermischen. Diese Füllung in das Hähnchen stopfen, das gut verschlossen wird. In Öl anbraten und das Hähnchen mehrfach beschöpfen. Das gare Hähnchen herausnehmen. Die Bratensauce mit roten Beeten auffüllen, kurz ziehen lassen und mit saurer Sahne fein abschmecken.

Hähnchen „Côte d'Azur"

1 Hähnchen
Kräutersalz (Reformhaus)
1 feingehackte Schalotte
1 EL Butter
1 kleingeschnittene Hähnchenleber
1 Tasse Champignons aus der Dose
1 Msp. geriebener Knoblauch
1 Eigelb
1 TL gehackte Petersilie
Salz, Pfeffer, Thymian
Butter zum Bestreichen

Das Hähnchen nach üblicher Vorbereitung gut salzen. Die Schalotte in Butter anrösten und mit Leber, Champignons, Knoblauch, Eigelb und Petersilie vermischen und mit Salz, Pfeffer, Thymian gehaltvoll würzen. Füllung in das Huhn stek-

ken, Öffnung verschließen. Dick mit Butter bestreichen und am Grillspieß gar braten. Zuletzt noch das: Wenn Sie mit diesem Hähnchen schon in Frankreichs Süden sind, gehört es sich natürlich, daß Sie französisches Stangenbrot dazu essen und einen passenden Rotwein dazu trinken.

Hähnchen mit Trauben

1 Hähnchen
Salz, weißer Pfeffer
1 EL milder Senf
Füllung einer Bratwurst
50g gestiftete Mandeln
500g halbierte, entkernte Weintrauben
50g kalifornische Weinbeeren (Reformhaus)
2 TL Butter
1 Tasse Traubensaft
1 EL Mehl
1/2 Tasse Sahne
2 EL Sojasauce

Hähnchen nach dem üblichen Waschen innen und außen mit Salz, Pfeffer und Senf einreiben. Eine Füllung aus Bratwurstmasse mit Mandeln, einigen Weintrauben und getrockneten Weinbeeren mischen und in das Hähnchen stecken, das verschlossen wird. Butter im Topf zergehen lassen, und das Hähnchen rundherum anbraten. Traubensaft hinzugießen und nun unter öfterem Begießen und Zugabe von etwas Wasser im Backofen garen lassen. Nach 45 Minuten die restlichen Weintrauben und Weinbeeren zugeben und noch 10 Minuten schmoren lassen. Das Hähnchen herausnehmen und warmstellen. Mehl und Sahne verquirlen, die Sauce damit andicken und abschließend mit Sojasauce abschmecken.
Zuletzt noch das: Merken Sie sich dieses Gericht, zu dem Sie am besten Reis servieren, für die nächste Traubenzeit vor!

Chicken Hawaii

1 Hähnchen
Salz, Ingwer, Senf
1 kleine Dose Ananasstücke
250g kernlose Weintrauben
3 EL Öl
1 Tasse Ananassaft
1 geriebene Zwiebel
2 abgezogene Tomaten
1 kleine Dose Kiwis
1 EL Zitronensaft
1 in Scheiben geschnittene Banane
1 EL Speisestärke
1/2 Tasse süße Sahne
1 Glas Cognac

Das Hähnchen wie üblich vorbereiten und mit Salz, Ingwer und Senf einreiben. Das Innere mit Ananas und Weintrauben füllen und in heißem Öl goldbraun braten. Den Bratsud mit Ananassaft verlängern, Zwiebel und Tomate hinzugeben und endgültig garen lassen. Das fertige Hähnchen herausnehmen und auf einer Flambierpfanne warm stellen. In die Sauce Kiwis und mit Zitronensaft beträufelte Bananenscheiben geben und heiß werden lassen. Die Früchte herausnehmen und um das warm gestellte Hähnchen legen. Speisestärke und Sahne verquirlen, die Sauce damit andicken und abschmecken. Die Sauce wird getrennt serviert. Hähnchen und Früchte werden am Tisch mit angewärmtem Cognac übergossen und flambiert.
Zuletzt noch das: Sie essen Reis oder Weißbrot dazu. Wer sich die Mühe machen will: mit frischer Ananas schmeckt es besonders lecker.

Hähnchen in Blätterteighülle

1 in Milch eingeweichtes und ausgedrücktes Brötchen
1 EL gehackte Mandeln
1 Apfelsine, geschält, die Spalten halbiert
1/2 TL gemahlener Zimt
1 Ei
Salz, Pfeffer
1 Hähnchen
1 Paket tiefgekühlter Blätterteig
1 Eigelb

Brötchenmasse mit Mandeln, Apfelsine, Zimt, Ei, Salz und Pfeffer mischen und in das vorbereitete, innen und außen gewürzte Hähnchen füllen, das gut verschlossen wird. Den Blätterteig auftauen lassen, zu einem Rechteck ausrollen und das Hähnchen darin einwickeln, wobei die Seiten zugedrückt werden. Den Blätterteig mit Eigelb bepinseln. An der Oberseite der Blätterteighülle eine kleine Öffnung lassen. Im heißen Backofen etwa 60 Minuten backen.

Sie fangen mit den Tatzen
Entsetzlich an zu kratzen,

Huhn in Stücken

Das Hähnerl hier ist für den Dicken,
Der Handwerksbursch' fühlt Magenzwicken.

Nützen Sie die Gelegenheit aus, daß Sie heutzutage nicht immer ein ganzes Hähnchen kaufen müssen, sondern auch Hühner- und Hähnchenteile verschiedener Art tiefgekühlt kaufen können. Daraus läßt sich vielerlei zaubern.

Geschnetzeltes Hähnchen polynesische Art

250g in feine Scheiben geschnittenes rohes
Hähnchenfleisch
1 EL Mehl
1 TL Kräutersalz (aus dem Reformhaus)
1 TL abgeriebene Zitronenschale (ungespritzt)
Cayennepfeffer
2 EL Öl
2 EL brauner Zucker (aus dem Reformhaus)
3 EL Orangensaft
1 EL Ananassaft
1 EL Sojasauce
1 EL Speisestärke
250g gewürfelte Ananas (frisch oder aus der Dose)
1/2 Banane, in Scheiben geschnitten

Die Hähnchenscheibchen mit Mehl, Kräutersalz, Zitronenschale und Cayennepfeffer bestreuen und kurz durchmischen. In

heißes Öl geben und in etwa 10 Minuten knusprig braten. In eine Pfanne braunen Zucker, Fruchtsäfte und Sojasauce geben und unter ständigem Rühren aufkochen. Ananas und Banane hinzufügen und heiß werden lassen. Die Sauce, die mit etwas Stärkemehl angedickt werden kann, über das Fleisch gießen.
Zuletzt noch das: Das sieht umständlich aus, ist jedoch eine schnelle und sehr originelle Mahlzeit, zu der Sie am besten körnigen Reis reichen.

Wiener Backhendl

1 Hähnchen
Salz
1 zerdrückte Knoblauchzehe
2 EL Mehl
1 Ei
4 - 5 EL Semmelmehl
Salz, Pfeffer aus der Mühle
Öl zum Backen (Friteuse)

Das vorbereitete Hähnchen in vier Teile zerlegen, mit Salz und leicht mit zerdrückter Knoblauchzehe einreiben. Mit Mehl bestäuben, durch geschlagenes Ei ziehen und mit Semmelmehl gut panieren. In schwimmendem Fett knusprig backen, herausnehmen, auf Saugpapier abtropfen lassen und leicht nachwürzen.
Zuletzt noch das: Das ist eine Köstlichkeit, die immer wieder begeistert, und zu der Sie mit Salat nicht sparsam sein sollten.

Hähnchenbrust mit Blumenkohl

300g Hähnchenbrust, ohne Knochen
2 EL Butter
Salz, schwarzer Pfeffer
1 kleiner Blumenkohl
Saft von 1/2 Zitrone
2 EL Butter
2 EL Mehl
1 Msp. Frugola (aus dem Reformhaus)
1 Prise geriebene Muskatnuß
1/2 Tasse süße Sahne
1 Prise Zucker

Das Hähnchenfleisch wie Steaks formen, in heiße Butter geben und auf beiden Seiten goldgelb braten. Danach mit Salz und Pfeffer würzen. Den Blumenkohl in Salzwasser nicht zu weich kochen. In Röschen teilen und mit Zitronensaft beträufeln. Aus Butter und Mehl eine Schwitze bereiten, mit Blumenkohlwasser auffüllen, auf kleiner Flamme ziehen lassen und mit Frugola und Muskatnuß würzen. Zuletzt Sahne darunterrühren. Die Blumenkohlröschen hineingeben, und alles noch einmal gut (Zukker) abschmecken.
Zuletzt noch das: Sie können Salzkartoffeln dazu essen.

Gefüllte Hähnchenbrust

4 Hähnchenbrüste
2 Scheiben Käse (Gouda)
2 Scheiben roher, magerer Schinken
1 EL Öl
1 EL Mehl
1 Ei
2 EL Semmelmehl
Kräutersalz (aus dem Reformhaus)
3 EL Öl
2 Scheiben Ananas
2 Scheiben Toastbrot
20g Butter

Zwischen zwei Hähnchenbrüste je eine Scheibe Käse und Schinken legen und mit Rouladenspießen zusammenstecken.

Das Fleisch mit Öl bestreichen, Mehl darüber stäuben, durch geschlagenes Ei ziehen und mit Semmelmehl panieren. Zuletzt mit Kräutersalz bestreuen. Öl in der Pfanne erhitzen und auf beiden Seiten knusprig braun braten. Herausnehmen und warmstellen. Im Bratfond die Ananasscheiben glasieren. Brot toasten, mit Butter bestreichen, eine Ananasscheibe darauflegen. Zuletzt die gefüllte Hähnchenbrust darüber legen.

Die Zeitung ift oft int'reffant.
Ein Hähnerl nimmt man gern zur Hand

Hähnchenbrüste auf italienisch

4 halbe Hähnchenbrüste
Salz, weißer Pfeffer
1 EL Mehl
1 EL Butter
4 dünne Scheiben Rinderrauchfleisch oder Lachsschinken
2 EL geriebener Parmesankäse

Die mit Salz und Pfeffer gewürzten Hähnchenbrüste gut in Mehl wenden. Butter in der Pfanne leicht anbräunen lassen und die Hähnchenteile darin auf jeder Seite bei mittlerer Hitze 3 - 5 Minuten braten. Erneut wenden und auf jede Brust eine Scheibe Rauchfleisch (Schinken) legen. Käse dar-

über steuen und bei bedeckter Pfanne den Käse schmelzen lassen.

Zuletzt noch das: Das Überbacken mit Käse kann auch im Grill geschehen. Als Beilagen gibt es gegrillte Tomaten, oder junge Erbsen, außerdem Weißbrot oder - nach Landessitte - Spaghetti.

Gebackene Hähnchenkeulen

4 Hähnchenkeulen
1 kleine in Würfel geschnittene Zwiebel
1/4 in Würfel geschnittene Sellerieknolle
1 in Scheiben geschnittene Karotte
1/2 in Scheiben geschnittene Porreestange
Salz, Pfeffer
1 EL Öl
2 EL Mehl
2 Eier
4 EL Semmelmehl
4 EL Butter

Die Hähnchenkeulen in wenig kochendem Wasser mit Gemüse und Gewürzen etwa 20 Minuten garen. Herausnehmen und abtropfen lassen. Mit Öl einreiben, Mehl darüber stäuben und mit geschlagenem Ei und Semmelmehl rundum panieren. Butter in der Pfanne nicht zu heiß werden lassen. Die Keulen darin knusprig braun braten.

Die Politik ist sehr belehrend.
Der Wohlgeruch manchmal störend.

Hähnchenkeulen, in Bierteig gebacken

2 Hähnchenkeulen
etwas Zitronensaft
Cayennepfeffer
einige Tropfen Tabasco
Kräutersalz (aus dem Reformhaus)
Öl für die Friteuse
60g Mehl
1 Ei
1/16 l Bier

Hähnchenkeulen nach dem Abwaschen und Abtrocknen mit Zitronensaft einreiben und würzen. Öl in der Friteuse (oder in einem Fett-Topf) auf 180 Grad erhitzen. Mehl, Ei und Bier gut verquirlen und die Keulen darin mehrere Male wenden. Nach dem Abtropfen in das heiße Öl geben und in ca. 30 Minuten knusprig braun braten. Zuletzt noch das: Wenn die Hähnchenkeulen klein sind, können Sie sich ruhig zwei je Esser leisten.

Hähnchenspieße nach Budapester Art

200g Hähnchenfleisch
100g Hähnchenleber
Kräutersalz
Paprika
4 EL Öl
1 kleine gehackte Zwiebel
1 rote Paprikaschote, in Würfel geschnitten
etwas feingehackter Schnittlauch
1 Glas Rotwein
1/2 Tasse Fleischbrühe
1 EL Stärkemehl

Das Fleisch der Hähnchen und die Leber in Würfel schneiden und abwechselnd auf Spieße stecken. Mit Salz und Paprika wür-

zen und in heißem Öl wenige Minuten unter Wenden braten. Danach warm stellen. In den Bratfond Zwiebel und Paprikaschote geben, weichdämpfen lassen und Schnittlauch hineinstreuen. Zuletzt Wein dazu geben und alles etwas einkochen lassen. Fleischbrühe mit Stärkemehl anrühren und die Sauce etwas andicken. Die auf Reis angerichteten Spieße werden mit der Sauce übergossen.

Südsee-Spieße

200g Hähnchenbrust
1 in Scheiben geschnittene Banane
2 in Spalten geteilte Mandarinen
2 Scheiben in Stücke geschnittene Ananas
4 blaue Weintrauben
Salz, Curry
Öl zum Bestreichen

Der Dicke schmaust, es perlt der Wein;
Der Handwerksbursch' schaut neidisch d'rein

Das Hähnchenfleisch in sechs etwa gleich große Stücke teilen. Abwechselnd mit den Früchten auf Spieße stecken und jeweils als Abschluß eine Weintraube aufspießen. Das Fleisch salzen und alles leicht mit Curry überstäuben und mit Öl bepinseln. Auf dem heißen Rost des Grills unter mehrfachem Wenden etwa 3 Minuten garen lassen.
Zuletzt noch das: Eine rasche kleine Mahlzeit, ideal für einen heißen Sommertag.

Chicken Pie (Geflügelpastete) „Florida"

1 Masthühnchen
Salz, Paprika
2 EL Öl
125g beliebiges Hackfleisch
1 Ei
1 kleine, feingeriebene Zwiebel
1 EL Haferflocken
Salz, Pfeffer
Butter zum Ausstreichen der feuerfesten Form
1 Glas Whisky
1 geschälter, in Scheiben geschnittener Apfel
1 geschälte, in Scheiben geschnittene Birne
1 kleine Dose Ananasstücke
1 in Scheiben geschnittene Banane
1 EL Sultaninen
1 EL gehackte Mandeln
1/2 Glas Ananassaft
1/2 Tasse süße Sahne
1 Ei
250g Blätterteig, tiefgefroren
1 Eigelb

Das Hühnchen in vier Teile zerlegen, mit Salz und Paprika einreiben und in Öl rundherum anbraten. Hackfleisch mit Ei, Zwiebel, Haferflocken, Salz und Pfeffer verkneten und daraus Klößchen formen, die mit den Hühnerteilen angebraten werden.

Hühnerteile und Klößchen in der mit Butter
ausgestrichenen feuerfesten Form verteilen, angewärmten Whisky darübergießen
und flambieren. Auf allen Apfel- und Bir-
nenscheiben, abgetropfte Ananasstücke,
Bananenscheiben sowie Sultaninen und
Mandeln bunt verteilen. Ananassaft mit
Sahne und Ei verquirlen und darübergeben. Den aufgetauten Blätterteig dünn
ausrollen und - mit Ausnahme eines kleinen Restes als Deckel - auf die Form legen.
Mit dem restlichen Teig in Streifen oder
sonstigen Formen den Deckel verzieren.
Den Blätterteig mit Eigelb bepinseln und
im sehr heißen Backofen (250 Grad) 25 Minuten backen.
Zuletzt noch das: Das ist eine deftige Köstlichkeit, die zwar etwas Arbeit macht, aber
die Mühe bestimmt lohnt.

Hühnerfondue

4 Hühnerbrüste
Öl für den Fonduekessel
mehrere Saucen und Gewürze nach Geschmack

Die Hühnerbrüste entweder leicht anbraten oder roh in mundgerechte Stücke
schneiden. Saucen und Gewürze und Zutaten - wie Mango Chutney oder Kokosraspeln - in kleinen Näpfchen bereitstellen.
Öl im Fonduekessel erhitzen und nach Art
des bekannten Fondue Bourguignonne
gemeinsam zu Weißbrot verspeisen.
Zuletzt noch das: Das rohe Geflügelfleisch
darf nicht zu dick geschnitten werden, damit es im heißen Öl rasch genug gar wird.
Das Gericht bedeutet eine willkommene
und erheblich preiswertere Abwechslung
gegenüber einem Fondue mit Rinderfilet.
Entfalten Sie Phantasie in der Auswahl der
zum Hühnerfleisch passenden Zutaten.

Geflügelleber
mit Champignons

300g Geflügelleber
3 EL Öl
4 EL fein gehackte Zwiebeln
1/2 Tasse frische Champignons, in Scheiben geschnitten
1/2 TL Paprika
1/2 TL Salz
1 EL gehackte Petersilie

Die Leber gut abwaschen und in Würfel schneiden. Öl erhitzen, die Zwiebeln darin glasig werden lassen und Champignons 5 Minuten darin dünsten. Die Geflügelleber hinzugeben und gleichfalls dünsten lassen. Paprika und Salz darüberstreuen. Petersilie vor dem Servieren darüber verteilen.
Zuletzt noch das: Entweder geben Sie Toast dazu oder verteilen die Leber auf gerösteten Toastscheiben.

Auch das noch!   Es ist unerträglich! —
Er flötet so leger wie möglich.

95

Hähnchenleber in saurer Sahne

300g Hähnchenleber
2 EL Butter
Salz, Pfeffer
1/2 Tasse saure Sahne
1 TL Mehl
1 EL fein gehackte Petersilie

Die gut gewaschene und ausgeputzte Hähnchenleber in heißer Butter anbraten, mit Salz und Pfeffer bestreuen und mit saurer Sahne übergießen. Mehl mit Wasser verrühren und die Sauce damit andicken. Leber mit der Sauce in eine Schüssel füllen und mit Petersilie bestreuen.
Zuletzt noch das: Solche Gerichte von Geflügelleber gehen beinahe blitzschnell und schmecken doch so, als ob ein Meisterkoch sie aufwendig zelebriert hätte.

Spanisches Ragout von Geflügelleber

30g gewürfelter Speck
1 kleine gewürfelte Zwiebel
1 feingehackte Knoblauchzehe
100g frische Champignons, in Blätter geschnitten
1 Tasse Tomatensaft
etwas Basilikum
1 EL Tomatenketchup
2 EL Sahne
1 TL Mehl
Salz, eine Prise Zucker
250g Geflügelleber
2 EL Öl
Pfeffer aus der Mühle
1 EL gehackte Petersilie

Die Speckwürfel auslassen, Zwiebelwürfel und Knoblauch darin anrösten und Champignons darin 5 Minuten schmoren. Tomatensaft zugießen und aufkochen lassen. Tomatenketchup, Sahne und Mehl verquirlen und die Sauce damit andicken. Mit den Gewürzen delikat abschmecken. Die Geflügelleber in nicht zu heißem Öl braten, gut würzen, in die Ragoutsauce geben und vor dem Servieren mit Petersilie bestreuen. Zuletzt noch das: Sowohl knuspriges Weißbrot als auch körniger Reis lassen sich gut dazu verspeisen.

2. Die Ente

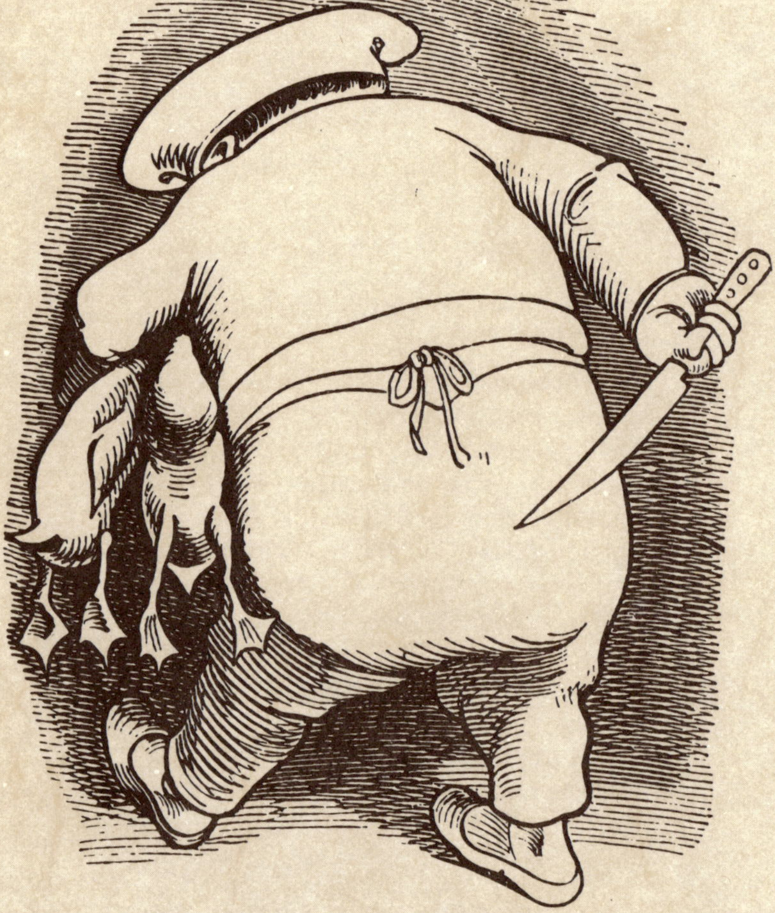

Die Ente sei, so pflegte man in der „guten alten Zeit" zu sagen, ein „seltsamer Vogel": sie biete einem Esser zum Frühstück eine zu große, zum Mittagessen jedoch eine zu kärgliche Mahlzeit. Inzwischen sind wir bescheidener geworden und halten eine handelsübliche Frühmastente als Mahlzeit für zwei Personen für geeignet. Hüten Sie sich jedenfalls, mit einer Ente - selbst wenn Sie ihr mit einer Füllung auf die Sprünge helfen -, vier Esser sättigen zu wollen. Dann hat nämlich niemand den rechten Genuß von dem köstlichen Entenbraten.

Bratente
„Hausfrauenart"

1 junge Fleisch-Ente
Salz, Pfeffer aus der Mühle
3/8 l Wasser
1 Glas Weinbrand
1 TL Speisestärke

Die kalt abgewaschene und mit Küchen-
krepp abgetrocknete Ente mit Salz und
Pfeffer einreiben. In eine Bratpfanne legen
und 1/8 l kochendes Wasser darübergießen. Mit der Brust nach unten, damit das
Fett austreten kann, in den auf 200 Grad
vorgeheizten Backofen schieben. Nach 45
Minuten die Ente umdrehen, Fett abschöpfen und heißes Wasser nachgießen
und weiterbraten, bis sie knusprig braun
geworden ist. Auf eine Platte legen, mit kaltem Salzwasser und Weinbrand überpinseln und noch einmal mit Oberhitze warm
stellen. Den Bratfond mit etwas Wasser
loskochen, wenn nötig entfetten. Speisestärke mit kaltem Wasser anrühren, die
Sauce damit binden und noch abschmekken.
Zuletzt noch das: Zu diesem herkömmli-
chen Entenbraten essen Sie Salzkartoffeln
oder Kartoffelklöße sowie - je nach Geschmack und Jahreszeit - Rot-, Grün- oder
Rosenkohl.

Die im Römertopf gegarte
Gans oder Ente vor dem
Servieren 5-10 Minuten mit
kräftiger Oberhitze im Bratofen
knusprig machen, besonders den
Rücken.

Ananas-Ente mit grüner Pfeffersauce

1 Bratente
Salz, Pfeffer
1 Zweig Beifuß
1 Glas Weinbrand
1 EL eingelegte grüne Pfefferkörner (Dose)
1 Glas Portwein
1 EL Mehl
1 kleine Dose Ananasscheiben
2 EL Butter

Die abgewaschene und getrocknete Ente innen und außen salzen und pfeffern. Beifuß in das Innere stecken. Nach dem Grundrezept (Seite 44) braten. In die Sauce grünen Pfeffer und Portwein geben, aufkochen lassen und mit dem in kaltem Wasser angerührten Mehl andicken. Ananasscheiben in Butter glasieren. Die Ente vor dem Servieren damit umlegen.
Zuletzt noch das: Zu dieser verfeinerten Ente sollten Sie Kartoffel-Kroketten vorsehen, die sich gut mit der Pfeffersauce vertragen.

Flambierte Ente in Burgunder

1 Bratente
Salz, gemahlener Piment
1 Sträußchen Petersilie
3/8 l Wasser
1 Glas Cognac
1 Glas Rotwein (Burgunder!)
1 EL Mehl
1 Prise Zucker
Frugola (aus dem Reformhaus)

Ente innen mit Salz und Piment ausreiben, Petersilie hineinlegen und verschließen. Mit 1/8 l kochendem Wasser übergießen und mit der Brust nach unten in den auf 200 Grad vorgeheizten Backofen schieben. Nach 45 Minuten umdrehen, über-

schüssiges Fett von der Sauce schöpfen sowie heißes Wasser nachgießen. Die gegarte Ente mit kaltem Salzwasser bepinseln und noch 5 Minuten im Backofen lassen. Dann auf eine Platte geben, mit angewärmtem Cognac übergießen und flambieren. Die Bratsauce mit Rotwein aufkochen und mit dem in kaltem Wasser angerührten Mehl binden. Schließlich mit Salz, Zucker und Frugola würzig abschmecken. Zuletzt noch das: Auch wenn das Flambieren bereits in der Küche geschieht, sollten Sie es nicht weglassen: es hebt den Geschmack. Vorschlag für die Beilage: Kartoffelklöße.

Ente mit Orangensauce (Canard à l' orange)

1 Bratente
Salz
abgeriebene Schale von einer Orange (ungespritzt)
Saft von 1 Zitrone
1/4 l Wasser
1 Glas Weißwein
1 Glas Cognac
4 Orangen
1 EL Mehl

Die Ente nach üblicher Vorbereitung mit Salz, geriebener Orangenschale und etwas Zitronensaft innen einreiben. In der Bratpfanne mit 1/8 l kochendem Wasser übergießen und mit der Brustseite nach unten in den auf 200 Grad vorgeheizten Backofen schieben. Nach 45 Minuten wenden. Fett von der Sauce abschöpfen, restliches Wasser und Weißwein zugießen und beim Weiterbraten mehrmals beschöpfen. Die gegarte Ente mit kaltem Salzwasser und Cognac unter Oberhitze sehr knusprig machen. Auf einer Platte warm stellen.

Zwei Orangen hauchdünn so schälen, daß an der Schale keine weiße Haut bleibt. Diese Schale in feine Streifen schneiden. Orangen sauber schälen und in Spalten teilen. Bratsauce der Ente mit feingeschnittener Orangenschale, dem ausgepreßten Saft von zwei Orangen und dem restlichen Zitronensaft aufkochen und mit dem im kalten Wasser angerührten Mehl binden. Gut mit Salz abschmecken. Die Orangenspalten entweder im Fett der Ente oder in etwas Entensauce kurz anschmoren und zierlich um die Ente verteilen. Sauce getrennt servieren und kleine Petersilienkartöffelchen, Kartoffel-Kroketten oder -püree als Beilage geben.

Zuletzt noch das: Dieses weltberühmte französische Rezept wird bei uns viel zu selten serviert. Versuchen Sie's doch mal!

Pfirsich-Ente

1 junge fleischige Bratente
Salz, Pfeffer
2 frische Pfirsiche (oder notfalls vier Hälften
aus der Dose)
1 Zweig Petersilie
3/8 l Wasser
1 Glas Cognac
4 enthäutete gedünstete Pfirsichhälften
1/2 Tasse Pfirschsaft
1 EL Mehl
1/2 Glas Cognac

Die Ente nur innen salzen und pfeffern und in das Innere zwei Pfirsiche mit Petersilie füllen und zustecken. Wie beim vorhergehenden Rezept braten. Wenn die Ente warm gestellt ist, die Bratsauce mit Pfirsichsaft ergänzen, mit dem in kaltem Wasser angerührten Mehl binden und unter Zugabe von etwas Cognac abschmecken.

Zuletzt noch das: Dies ist, wie Sie gemerkt haben, eine weit seltener anzutreffende, aber fast noch köstlichere Abart der Ente

mit Orangen. Die Pfirsiche aus dem Enten-Inneren werden dabei ähnlich wie die Äpfel bei der Gans als saftige Beilage gegessen. Wenn Sie Kartoffel-Kroketten dazu machen, sollten Sie sie in diesem Fall, einem Spitzengericht angemessen, mit geriebenen Mandeln panieren.

Gegrillte Ente

1 fleischige Bratente
Salz, Pfeffer
2 in Würfel geschnittene Äpfel
1 Tasse Backpflaumen ohne Kerne
1 TL Rosmarin
1 EL gehackte Petersilie
1 Glas Weinbrand

Die vorbereitete Ente innen mit Salz und Pfeffer einreiben. Äpfel und Backpflaumen mit Rosmarin und Petersilie vermischen, in die Ente füllen und diese gut verschließen. Den Grill kräftig vorheizen. Die Ente auf den Drehspieß stecken und im Grill garen. Mehrfach mit dem abgetropften Fett während des Drehens bepinseln. Kurz vor dem Garwerden kaltes Salzwasser und Weinbrand zum Knusprigmachen über die Ente pinseln.
Zuletzt noch das: Vergessen Sie ja nicht, die Ente vor dem Grillen zu dressieren, wie auf Seite 45 beschrieben.

Sieh' da, zwei Enten jung und schön,
Die wollen an den Teich hin geh'n.

Ente nach englischer Art gebraten

1 Bratente
Salz, Pfeffer
250g geriebene Zwiebeln
3 EL Semmelmehl
1 feingehackte Entenleber
1 TL getrocknete, geriebene Salbeiblätter
1 Glas Weinbrand
4 geschälte, in Würfel geschnittene Äpfel
1 TL Zucker
Saft von 1 Zitrone
1 TL Butter

Die vorbereitete Ente innen und außen mit Salz und Pfeffer einreiben. Für die Füllung Zwiebeln mit Semmelmehl, Leber und Salbei mischen und mit Salz und Pfeffer würzen. Die Ente füllen, verschließen, auf den Grillspieß stecken und im kräftig vorgeheizten Grill garen. Dabei mit abgetropftem Fett mehrfach bepinseln und gegen Ende des Bratens kaltes Salzwasser und Weinbrand zum Kroßmachen darübergeben. Zu einer englischen Apfelsauce die Äpfel mit wenig Wasser kochen und zu Mus rühren, Zucker und Zitrone hinzufügen und mit Butter verfeinern.
Zuletzt noch das: Sie reichen die Apfelsauce zur Ente und sollten Kartoffelklöße als Beilage zubereiten.

Zum Teiche geh'n sie munter
Und tauchen die Köpfe unter.

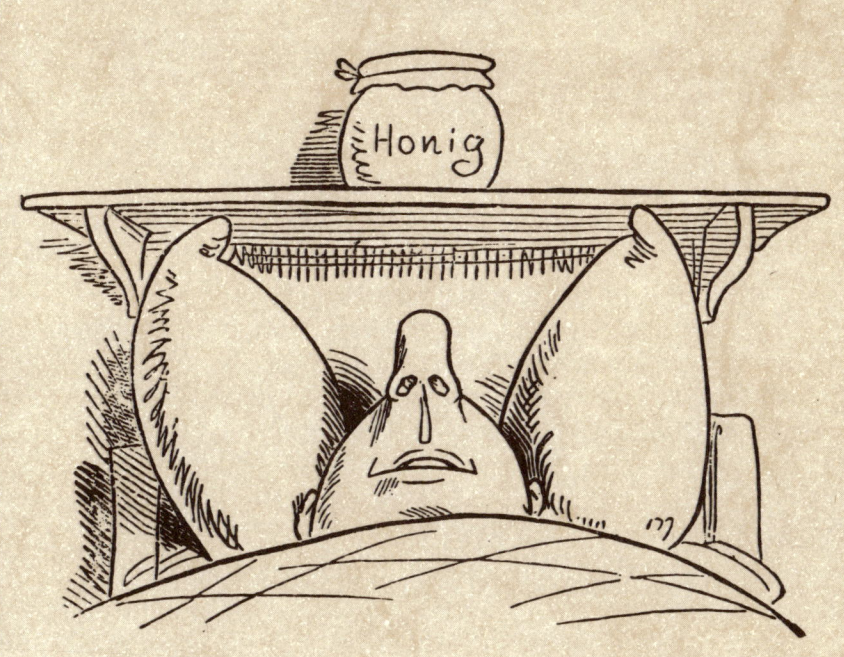

Chinesische Ente

1 Bratente
Salz, Pfeffer
Zur Marinade:
1 Tasse Wasser
3 EL Honig
2 EL Sojasauce
Saft von 1/2 Zitrone
1/2 TL abgeriebene Zitronenschale (ungespritzt)
1 TL Öl
Salz, Pfeffer

Alle Zutaten für die Marinade in einen Topf geben und erhitzen. Damit die Ente am Abend vor der Zubereitung gründlich einpinseln. Vor dem Braten Ente innen salzen und pfeffern, auf den Grillspieß stecken und im stark vorgeheizten Grill garen lassen. Während des Grillens immer wieder mit der Marinade bepinseln, so daß die Haut rotbraun und kroß wird.
Zuletzt noch das: Natürlich gibt es Reis dazu und wer will, kann auch ein Gläschen Reiswein versuchen. Zum Wohl!

So füllen Sie Ihre Ente

Jede Ente kann durch eine geeignete Füllung abgewandelt, verfeinert und zu einer etwas größeren Portion angereichert werden. Lesen Sie nach, was auf Seite 72 über das Füllen von Hühnern gesagt wurde. Es gilt ebenso für die Ente, für die wir Ihnen folgende Füllungen vorschlagen:

Birnenfüllung

4 geschälte Birnen
1 Tasse Sultaninen

Birnen ganz, halbiert oder in Stücken, mit Sultaninen gemischt in die Ente geben.

Karottenfüllung

375g gewürfelte Karotten (evtl. aus der Dose)
1 große in Würfel geschnittene Zwiebel
2 in Würfel geschnittene Äpfel
1 EL Petersilie
Salz, 1 Prise Zucker

Alles miteinander mischen, in die Ente füllen, verschließen.

Kartoffel-Kräuter-Füllung

375g in Würfel geschnittene Kartoffeln
1 große in Würfel geschnittene Zwiebel
1 Eigelb
1 EL gehackte Petersilie
1 EL gehackter Dill
1 TL Kerbel
1 TL Selleriekraut
1 TL Schnittlauch

Alles miteinander mischen, in die Ente füllen und verschließen.

Reis ~ Olivenfüllung

2 EL Öl
1 kleine in Würfel geschnittene Zwiebel
1 in Streifen geschnittene Paprikaschote
1/4 in Würfel geschnittene Salatgurke
1 kleines Glas Oliven ohne Kerne, in Scheiben geschnitten
2 EL gehackte Erdnüsse
1 EL feingehackte Petersilie
1 Tasse körnig gekochter Reis
Salz, Cayennepfeffer

Öl erhitzen und darin Zwiebel, Paprikaschote, Gurke und Oliven andünsten. Erdnüsse, Petersilie und Reis untermischen und würzen. Die Ente damit füllen und verschließen. Falls die Füllung für Ihre Ente zu reichlich ist, lieber etwas übrig lassen, da die Füllung beim Braten genug Raum haben muß, um sich auszudehnen.

Die eine in der Goschen
Trägt einen grünen Froschen.

Fleischfüllung

1 in Milch eingeweichtes und ausgedrucktes Brötchen
1 EL Butter
2 feingewürfelte Schalotten
2 Eier
125g Tatar
125g Schweinehack
125g gepökelte, gewürfelte Rinderzunge
Salz, Pfeffer, geriebene Muskatnuß

Schalotten in Butter vordünsten, die mit den Eiern vermischte Hackfleischmasse hinzugeben und dann mit dem Brötchen verkneten. Würzig abschmecken, in die Ente füllen, verschließen.

Sauerkraut-Ananas-Füllung

250g geschälte, in Würfel geschnittene Kartoffeln
2 geschälte, in Würfel geschnittene Äpfel
50g Ananas in Stücken
250g Sauerkraut, fein geschnitten
150g gekochter, gewürfelter Schinken
50g Butter
1 in Würfel geschnittene Zwiebel
1 in Würfel geschnittene Entenleber
Salz, Pfeffer
2 zerdrückte Wacholderbeeren
2 Eier

Die Kartoffelwürfel kurz in Salzwasser aufkochen lassen, abgießen und mit Äpfeln, Ananas, Sauerkraut und Kochschinken vermischen. Zwiebel und Entenleber in zerlassener Butter anrösten und mit Salz, Pfeffer und Wacholder würzen. Alles miteinander vermischen und abschließend die Eier zum Binden in die Füllmasse geben. Die Ente damit füllen, verschließen und dann braten.

Die beiden Enten raufen,
Da hat der Frosch gut laufen.

Ente in Stücken

Sie denkt allein ihn zu verschlingen,
Das soll ihr aber nicht gelingen.

Pommersche Entensuppe

1 Ente
Salz
3 Pimentkörner
1 ganze Zwiebel
1 Lorbeerblatt
1 Bund Suppengrün
2 EL Butter
2 EL Mehl
Frugola (aus dem Reformhaus)
500g geschälte, gewürfelte Kartoffeln
1 EL feingehackte Petersilie
1 TL feingehackte Sellerieblätter
1 TL feingehackter Kerbel

Die Ente mit kochendem Salzwasser bedecken, Piment, Zwiebel, Lorbeerblatt und vorbereitetes Suppengrün hinzugeben und garen lassen. Eine Schwitze aus Butter und Mehl bereiten, mit durchgesiebter Brühe ablöschen und mit Frugola würzen. Kartoffeln getrennt halb gar kochen, dann in die Brühe geben und in ihr fertig garen. Die gekochte Ente in Stücke zerlegen, in die Brühe zu den Kartoffeln geben und das Ganze mit Petersilie, Sellerieblättern und Kerbel überstreuen.
Zuletzt noch das: Das ist natürlich eine ganz rustikale Form, eine Ente zuzubereiten. Aber ein Versuch lohnt sich.

Schmorente auf bäuerliche Art

1 Bratente
3 EL Öl
Salz, Pfeffer
500g feingeschnittener Wirsingkohl
1 EL Mehl

Die vorbereitete Ente in vier Teile zerlegen und in heißem Öl braun anbraten. Salz und Pfeffer darüber streuen, 1/4 l kochendes Wasser zugeben und 45 Minuten schmoren lassen. Den Wirsingkohl hinzufügen und weitere 30 Minuten garen lassen. Die Ente herausnehmen. Den Wirsingkohl leicht mit dem mit Wasser angerührten Mehl andicken und abschmecken.
Zuletzt noch das: Die Ententeile werden auf dem Kohl serviert.

Kalter Entenbraten mit bulgarischem Reissalat

1 Bratente
Salz, Pfeffer
1 Glas Weinbrand
2 Tassen körnig gekochter Langkorn-Reis
1/2 in Würfel geschnittene Salatgurke
1/2 in feine Streifen geschnittene Paprikaschote
2 EL Öl
1 TL Senf
Salz, Zucker, Pfeffer
Zitronensaft
Paprika edelsüß
Worcestersauce
1 EL gehackte Petersilie

Die wie üblich vorbereitete Ente innen und außen salzen, pfeffern und nach dem Grundrezept braten. Zuletzt durch Bepinseln mit kaltem Salzwasser und Weinbrand recht knusprig machen. Danach abkühlen lassen. Den Reis mit Gurke und Paprika vermischen und aus Öl, Senf und den folgenden sechs Gewürzen eine pi-

kante Marinade zubereiten und über den Salat verteilen. Vor dem Anrichten die Petersilie darüberstreuen. Die kalte Ente, in geeignete Portionsstücke zerlegt, auf dem Salat servieren.

Zuletzt noch das: Eine leckere, kalte Mahlzeit zur Bewirtung von Gästen. Bei mehr als drei Essern müßten es zwei Enten sein.

Ente nach Moskauer Art

1 Bratente
Salz
750g rote Beete
1 Lorbeerblatt
3 Körner Piment
etwas Kümmel
1 Petersilienwurzel
1 Tasse saure Sahne
1 Ei
2 EL Butter
Pfeffer aus der Mühle
1 EL gehackte Petersilie

Die vorbereitete Ente in vier Stücke teilen und in wenig kochendem Salzwasser mit Lorbeerblatt, Pimentkörnern, Kümmel und Petersilienwurzel garen. In einem Topf die roten Beete weich kochen, abschälen und in Scheiben schneiden. Den Entensud durch ein Sieb geben, zu den roten Beeten gießen, erhitzen und das mit Sahne verquirlte Ei, ohne kochen zu lassen, darunterrühren. Die Ententeile in Butter rundherum hellbraun braten, mit Pfeffer würzen und zu dem mit Petersilie bestreuten Gemüse servieren.

Entenbrüste ungarisch

2 Bruststücke von der Ente
30g Kräuterbutter
milder Senf
4 EL Öl
4 EL Mehl
1 Ei
4 EL Semmelmehl

Die Entenbrüste geschickt von den Knochen lösen. Die eine innere Hälfte mit Kräuterbutter bestreichen, die zweite innere Hälfte mit Senf. Beides sodann zusammenklappen. Öl dünn darüber pinseln und mit Mehl bestäuben. Durch geschlagenes Ei ziehen und mit Semmelmehl panieren. In heißem Öl auf beiden Seiten goldbraun backen.

Zuletzt noch das: Mit knusprigem Weißbrot und frischem Salat ist das eine überraschende Delikatesse.

Entenklein in Petersiliensauce

1 Entenklein (Hals, Flügel, Magen, Herz)
1 Bund Suppengrün
3 Pfefferkörner
Salz
2 EL Butter
2 EL Mehl
1/2 l Entenbrühe
3 EL süße Sahne
2 EL feingehackte Petersilie

Das Entenklein gut abwaschen und mit Suppengrün und Pfefferkörnern in einem halben Liter kochendem Salzwasser ansetzen und garen lassen. Aus Butter und Mehl eine Schwitze zubereiten und mit der durchgesiebten Entenbrühe verlängern. Mit Sahne verfeinern, Petersilie zugeben und abschmecken. Das Entenklein in der Sauce anrichten.

Zuletzt noch das: Eine originelle Variante ergibt sich, wenn Sie statt der Petersilie die gleiche Menge feingehackten Dill verwenden.

Entenragout als Resteverwertung

2 EL Butter
1 kleine gehackte Zwiebel
1 EL Mehl
1 Tasse Fleischbrühe
1 Tasse Bratensauce von der Ente
1 EL Estragonessig
1 Glas Rotwein
1 in dünne Scheiben geschnittene Gewürzgurke
2 Tassen in Würfel geschnittenes Bratfleisch der Ente
Salz, Zucker, Pfeffer aus der Mühle

Die Butter zergehen lassen, Zwiebel darin anrösten und mit Mehl eine Schwitze bereiten. Mit Fleischbrühe verlängern und zusätzlich mit Bratensauce auffüllen. Nach Zugabe von Essig, Rotwein und Gurke durchkochen lassen. Das Fleisch dazu mischen und mit den Gewürzen kräftig abschmecken. Dabei nicht mehr aufkochen lassen. Das Ragout speist sich gut mit Spätzle oder einer anderen Nudelart.

Die Ente und der Enterich,
Die zieh'n den Frosch ganz fürchterlich.

Sie zieh'n ihn in die Quere,
Das tut ihm weh gar sehre.

3. Die Gans

„Eine jut jebratene Jans....

...ist eine jute Jabe Jottes", so behaupteten schon in früheren Zeiten die Berliner. Daran hat sich eigentlich nichts geändert, auch wenn die Eßgewohnheiten die Gans ein wenig in den Hintergrund gedrängt haben. Die Angst vor allzu vielen Gänse-Kalorien hat auch dazu geführt, daß die früher einmal wegen ihrer zusätzlichen Schmalzration beliebte Fettgans der weniger gerundeten Fleischgans gewichen ist. Die lange Zeit übliche Gänsemast mit dem sogenannten Nudeln, bei dem der armen Gans alles zum Fettwerden in den Schnabel gestopft wurde, ist der humaneren Hafermast gewichen. Lediglich dort, wo man für Pasteten auf besonders große Gänselebern Wert legt – im Raum um Straßburg oder im ebenfalls französischen Périgórd –, erhalten die dafür bestimmten Gänse eine spezielle und wenig angenehme Mastdiät.

Es ist heute kaum noch bekannt, daß vor wenigen Jahrzehnten in den wichtigsten deutschen Ganszuchtgebieten wie Pommern und Ostpreußen Gänse keineswegs nur am traditionellen Martinstag oder zu Weihnachten verspeist wurden: häufig briet man damals schon im Sommer ein junges Gänschen, das dann auch noch nicht fett war. Eine lobenswerte Sitte, die sich bei dem ganzjährigen Angebot an Tiefkühlgänsen ohne weiteres auch heute wieder einführen ließe.

gefüllt und gebraten

Apfel-Maronen-Füllung

500g kleine säuerliche Äpfel (ohne Kerngehäuse, Blüte
und Stiel) ganz oder in Würfel geschnitten
500g Maronen (Eßkastanien)

Eßkastanien an der flachen Stelle kreuzweise mit einem scharfen Messer einrit-
zen. Auf ein Blech geben und in den heißen
Backofen schieben, bis die Schale auf-
springt. Dann äußere Schale und innere
Haut abziehen. Oder: bereits geschälte,
getrocknete Maronen im Delikateßgeschäft kaufen und in Wasser quellen lassen. Äpfel und Maronen, wobei letztere
auch vorher noch in Fleischbrühe ange-
dünstet werden können, unter Zugabe beliebiger Kräuter (Beifuß, Majoran, Salbei,
Rosmarin, Basilikum, Provencemischung)
gemeinsam in die Gans füllen und diese
gut verschließen.

Apfel-Rosinen-Füllung

2 Tassen Semmelmehl
2 säuerliche Äpfel mit Schale, gewürfelt
1/2 Tasse kalifornische Weinbeeren (Reformhaus)
1/2 Tasse gehackte Mandeln
1/2 Tasse Apfelsaft
2 EL Honig

Semmelmehl, Apfelwürfel, Weinbeeren
und Mandeln miteinander vermischen.
Honig in Apfelsaft auflösen, die Masse damit übergießen und eine Weile quellen
lassen. Danach einfüllen und die Gans
verschließen.

Apfel-Backpflaumen-Füllung

1 Tasse Backpflaumen ohne Kern
2 säuerliche Äpfel mit Schale, gewürfelt
2 Tassen Semmelmehl
1 EL Zucker
etwas Anis

Die über Nacht eingeweichten Backpflaumen mit ihrem Saft, mit Apfel, Semmelmehl und Zucker vermischen und mit Anis fein aromatisieren. In die Gans füllen.

Apfel-Porree-Füllung

4 geschälte, in Scheiben geschnittene Äpfel
1 Tasse kalifornische Weinbeeren (Reformhaus)
2 Stangen Porree, in Ringe geschnitten
1 Stengel Beifuß

Äpfel und Weinbeeren mit Porree mischen und mit Beifuß in das Innere der Gans geben und verschließen.

Pilzfüllung

4 EL Gänseschmalz
2 fein gehackte Zwiebeln
2 – 3 gewürfelte Karotten
1 Tasse in Ringe geschnittener Porree
2 Tassen in Scheiben geschnittene frische Champignons
1/8 l Milch
2 Scheiben Weißbrot ohne Rinde
1 EL Petersilie
Salz, Pfeffer
Salbei

Gänseschmalz erhitzen und die vier Gemüse darin andünsten. Das in Milch eingeweichte Weißbrot ausdrücken, Petersilie daruntermischen, alles gut miteinander vermengen und mit den Gewürzen pikant abschmecken. Einfüllen und verschließen.

Makkaronifüllung

250g in Stücke gebrochene Makkaroni
Salz
150g geriebener Parmesankäse
50g Butter
2 TL Majoran

Makkaroni in kochendem Salzwasser garen, mit kaltem Wasser abschrecken und abtropfen lassen. Parmesan, Butter und Majoran daruntermischen und in die Gans füllen.

Hackfleischfüllung

500g gehacktes Schweinefleisch oder das Innere von
*   Bratwürsten*
1 feingeriebene Zwiebel
2 Scheiben eingeweichtes und ausgedrücktes Weißbrot
2 Eier
1 EL feingehackte Petersilie
Salz, Pfeffer, Salbei
1 Msp. Beifuß-Gewürz

Alles gut vermengen und einfüllen.

Gänseleber-Füllung

4 Scheiben Weißbrot ohne Rinde
1/4 l Milch
1 Gänseleber
2 Eier
4 EL süße Sahne
Salz, Pfeffer, Majoran
1 EL gehackte Petersilie
2 EL Semmelmehl

Weißbrot in Milch einweichen, gut ausdrücken und zusammen mit der Gänseleber 1 – 2 mal durch den Fleischwolf drehen. Eigelb und süße Sahne gut damit vermischen. Salzen, pfeffern und Majoran sowie Petersilie mit dem Semmelmehl unterkneten. Eiweiß steif schlagen und den Eierschnee unterheben. Die Gans füllen und verschließen.

Gebratene Gans, russische Art

1 Gans
Salz, Pfeffer
gestoßener Kümmel
500g Buchweizengrütze
Fleischbrühe
500g Zwiebeln, in feine Würfel geschnitten
1 EL Mehl

Die Gans innen und außen mit Salz, Pfeffer und Kümmel einreiben. Fleischbrühe aufkochen lassen, Grütze hineingeben und ausquellen lassen. Diese Masse in die Gans füllen und verschließen. Den Boden der Bratpfanne mit Zwiebelwürfeln ausstreuen. Gans mit der Brust nach unten darauflegen und mit 1/4 l kochendem Wasser übergießen. In dem auf 200 Grad vorgeheizten Backofen braten. Nach einer Stunde umdrehen, Fett abschöpfen, Wasser nachfüllen und unter Begießen fertig braten lassen. Auf eine Platte legen, mit kaltem Salzwasser und Weinbrand bepinseln und in den auf 100 Grad erhitzten Backofen schieben. Mehl mit Wasser verrühren, Sauce andicken, abschmecken.
Zuletzt noch das: Eine gute Beilage dafür ist Selleriesalat. Wer von der Gans nicht satt wird, hält sich an die Buchweizengrütze …

Gebratene Gans, bayerische Art

1 Gans
gestoßene Wacholderbeeren
Salz, Pfeffer
1 EL Mehl

Die Gans innen und außen gründlich mit Wacholderbeeren und Salz einreiben und mit Pfeffer bestreuen. Im übrigen nach dem Grundrezept (Seite 124) braten.
Zuletzt noch das: Sie können dazu essen: Knödel oder Bratkartoffeln, Sauerkraut.

Gänsebraten am Spieß, französische Art

1 Gans
Salz, Pfeffer
500g geschälte Maronen
4 EL Butter
1 Gänseleber
200g gehacktes Schweinefleisch
2 gewürfelte Zwiebeln
1 EL fein gehackte Petersilie
1 EL fein gehackter Schnittlauch
Salz, Pfeffer, Thymian
1/2 Tasse Fleischbrühe

Kastanien in heißer Butter dünsten. Gänseleber und Kastanien feinhacken Mit Hackfleisch, Zwiebeln, Petersilie, Schnittlauch, Salz, Pfeffer und Thymian gut vermischen und abschmecken. Die Fleischbrühe erhitzen, die Farce hineingeben und einmal durchkochen lassen. Die vorbereitete, innen und außen gesalzene und gepfefferte Gans damit füllen und zunähen. Dressieren (siehe Seite 45), auf den Spieß stecken und im Herd oder Grill braten. Den abgetropften, entfetteten Bratsaft mit wenig Wasser aufkochen und zur Gans reichen.
Zuletzt noch das: Ein guter Vorschlag, eine Gans einmal anders zu braten, wobei auch die Füllung sehr gehaltvoll ist.

Die Mutter sprach: „O Heinrich mein!
Nimm diese Brezen, sie sei dein!"

Der böse Heinrich denkt sich gleich:
„Jetzt fang' ich Gänse auf dem Teich."

Gedünstete Gans mit Apfelsauce

1 Gans
Salz, Pfeffer
2 EL Butter
4 große, säuerliche Äpfel, geschält und in dünne Schei-
  ben geschnitten
1/4 l Weißwein
1 Stange Zimt (Kaneel)
1/2 Tasse kalifornische Weinbeeren (Reformhaus)
1 TL Zucker
1 Prise Pfeffer
1 Msp. Safran

Die Gans gut mit Salz einreiben und in wenig Salzwasser in einem zugedeckten Topf garkochen. Butter zergehen lassen, Apfelscheiben darin dünsten und mit Weißwein auffüllen. Mit Zimt, Weinbeeren, Pfeffer und Safran gut durchkochen lassen und Zimtstange herausnehmen. Die Gans mit der Apfelsauce servieren.
Zuletzt noch das: Warum muß die Gans eigentlich immer gebraten werden: Auch auf diese Weise gedünstet ergibt sie eine köstliche Mahlzeit.

Gefüllte Gänsebrust

1 Gänsebrust ohne Knochen
Salz
1 EL Senf
2 EL Gänsefett
1 feingewürfelte Zwiebel
1 gekochter, feingewürfelter Gänsemagen
1 in Milch eingeweichtes und ausgedrücktes Brötchen
2 EL kalifornische Weinbeeren (Reformhaus)
Salz, Pfeffer
1 EL feingehackte Petersilie
1 feingehacktes Salbeiblatt
ausgelassenes Gänseschmalz oder Butter zum Bestreichen

Die Gänsebrust innen mit Salz und Senf
einreiben. Gänsefett erhitzen und Zwiebel
und Gänsemagen darin anschwitzen. Mit
Brötchen, Weinbeeren, Salz, Pfeffer, Petersilie und Salbei mischen und diese Farce
nach dem Abschmecken auf eine Innen-
seite der Brust legen. Die andere Seite dar-
überklappen und mit Baumwollgarn zunähen. Gänsefleisch mit Gänseschmalz oder
Butter einreiben, auf den Rost in den Backofen legen, mit 1 Tasse heißem Wasser
übergießen und in den vorgeheizten Backofen schieben. Während des Bratens mit
dem Bratfond übergießen. Fertig gebratene Brust zum Knusprigmachen nach
dem Bepinseln mit kaltem Salzwasser und
Weinbrand nochmals 5 Minuten in den
Backofen schieben. Eine gute Beilage: Rosenkohl, mit Maronen gemischt.
Zuletzt noch das: Wenn Sie mit diesem Rezept die Brust Ihrer Gans ungewöhnlich zubereitet haben, so erfahren Sie im nächsten
Rezept, wie Sie aus dem Hals eine weitere Mahlzeit machen.

Gefüllter Gänsehals, Gutsherrenart

1 Gänsehals
100g schieres Kalbfleisch
1 Gänseleber
2 Scheiben Weißbrot ohne Rinde
1/8 l Milch
1 Schalotte
2 Eier
Kräutersalz, Pfeffer
1/2 TL geriebener Majoran

Vom geputzten und gewaschenen Gänsehals vorsichtig die Haut abziehen. Das darunter befindliche Fett ablösen und die untere Seite mit Baumwollgarn fest zunähen. Kalbfleisch, Gänseleber, das in Milch eingeweichte und ausgedrückte Weißbrot und die Schalotte zweimal nacheinander durch den Fleischwolf drehen. Die Masse salzen, pfeffern und mit Majoran würzen. Eigelb und Eiweiß trennen und zuerst das Eigelb, danach das steifgeschlagene Eiweiß unterziehen. Mit dieser Füllung den Gänsehals nicht zu fest stopfen und das obere Ende zunähen oder zubinden.

Ein junges Gänslein schwamm ans Land,
Schwapp! hat es Heinrich in der Hand.

Den fertig gefüllten Hals entweder mit dem Gänsebraten 60 Minuten in der Sauce mit-dünsten lassen oder in einem viertel Liter Fleischbrühe in einem zugedeckten Topf ebenso lange dünsten. Den gegarten Gän-sehals zwischen zwei Brettchen unter Bela-stung kalt abkühlen lassen. Für eine kalte Platte in Scheiben schneiden oder zusätz-lich räuchern lassen.

Sie können den Gänsehals auch mit einer anderen Füllung versehen, die aus folgen-den Zutaten, gut vermischt, besteht:

250g gemischtes Hackfleisch
100g klein gehackter Schinkenspeck
1 Scheibe Weißbrot, in Milch geweicht und ausgedrückt
1 gekochter, fein gehackter Gänsemagen
1 gekochtes, fein gehacktes Gänseherz
1 EL gehackte Pistazien
2 EL kalifornische Weinbeeren (Reformhaus)
1 Ei
Salz, Pfeffer
1 – 2 TL Curry

Fritierte Gänsekeulen

2 Gänsekeulen
Salz, Pfeffer
50g Butter
4 EL Fleischbrühe
1 fein gehackte Schalotte
1 EL Petersilie
1 Ei
4 EL Semmelmehl
Öl für die Friteuse oder den Fett-Topf
1/2 Zitrone

Die Gänsekeulen mit Salz und Pfeffer einrei-ben und in heißer Butter und Fleischbrühe mit Schalotte und Petersilie beinahe weich-dünsten. Abkühlen lassen. Durch geschla-genes Ei ziehen, mit Semmelmehl panie-ren und zusätzlich mit der Butter, in der sie gedünstet wurden, beträufeln. In der recht-zeitig erhitzten Friteuse (Fett-Topf) braun backen.

Zuletzt noch das: Diese knusprigen Gänse-

keulen werden mit Zitronenvierteln garniert und mit Kartoffeln und Spinat gegessen. Delikat!

Gänseklein „Emilie"

1 Gänseklein
1 feingewürfelte Zwiebel
1 – 2 feingewürfelte Karotten
1/4 feingewürfelte Sellerieknolle
1 feingeschnittene Stange Porree
1 feingeschnittene Petersilienwurzel
5 Körner Piment
1 Frugola (Reformhaus)
3 EL Semmelmehl
1 – 2 EL Meerrettich, frisch gerieben, oder aus dem Glas
   (ungeschwefelt aus dem Reformhaus)
etwas Zucker
1 EL gehackte Petersilie

Gänseklein mit Gemüsen, Piment und Frugula in kochendes Salzwasser geben und garen lassen. Die Stücke des Gänsekleins herausnehmen. Die Kochbrühe mit Semmelmehl zu einer dicklichen Sauce anrühren und pikant mit Meerrettich und Zucker abschmecken. Dabei nicht mehr aufkochen lassen. Sauce über das Gänseklein geben und alles mit Petersilie überstreuen. Zuletzt noch das: Das ist ein ausgesprochen herzhaftes Gänseklein, zu dem Sie Kartoffeln oder Knödel (Klöße) essen können.

Gebratene Gans

1 Fleischgans
Salz, weißer Pfeffer
4 Äpfel (ohne Stiel, Blüte und Kerngehäuse)
einige Stengel Beifuß oder Majoran
1 Glas Weinbrand
1 EL Mehl

Die bereits ausgenommene und bratfertig vorbereitete Gans kalt abwaschen und gut abtrocknen. Innen mit Salz und Pfeffer einreiben, Äpfel mit Beifuß oder Majoran

hineinlegen und verschließen. Entweder in einer großen Bratpfanne oder auf dem Bratrost oberhalb einer Saucenpfanne in den auf 200 Grad vorgeheizten Backofen schieben. Die Brustseite, um das Austreten des Fetts zu erleichtern, nach unten, die Gans mit einem achtel Liter kochendem Wasser übergießen. Nach 60 Minuten wenden, das herausgetretene Fett abschöpfen und heißes Wasser nachfüllen. Beim Fertigbraten häufig mit der Flüssigkeit übergießen. Die ziemlich fertige Gans mit kaltem Salzwasser und Weinbrand überpinseln, damit ihre Haut recht kroß und knusprig wird. Auf einer Anrichtplatte warm stellen und den Bratensaft mit im kalten Wasser angerührten Mehl binden. Die Sauce gut abschmecken und zum Gänsebraten Salzkartoffeln, Thüringer Klöße und Rotkohl servieren. Das abgeschöpfte Fett später unter Zugabe von Schweinschmalz oder Pflanzenmargarine auslassen und als Brotaufstrich zubereiten.

Gerade die Gans wird mit Vorliebe zusätzlich gefüllt, da ihr Geschmack sich besonders intensiv mit der Füllung verbindet. Wir beschreiben Ihnen einige Gänsefüllungen und verweisen Sie auf die Erläuterungen auf den Seiten 115 - 117.

So lange können Sie tiefgefrorenes Geflügel lagern: Hühner bis zu 8 Monaten, Gänse und Puten bis zu 7 Monaten, Enten bis zu 6 Monaten, Tauben bis zu 3 Monaten.

Gerichte aus Gänseklein

Es schreit und zappelt fürchterlich;
Die Alten sind ganz außer sich.

Pommersches Gänseklein

1 Gänseklein
Salz
5 Körner Piment
1 Gewürznelke
1 Lorbeerblatt
2 EL Gänseschmalz oder Butter
1 gehackte Zwiebel
2 EL Mehl
1 – 2 feingewürfelte Karotten
1/4 feingewürfelte Sellerieknolle
1 feingeschnittene Stange Porree
250g gemischtes, am Abend vorher
eingeweichtes Backobst
Salz, Pfeffer
Thymian
Zitronensaft
etwas Zucker

Gänseklein in Salzwasser mit den Gewürzen halb weich garen. Zwiebel in heißem Fett anrösten, Mehl darüber stäuben.

Kochbrühe des Gänsekleins durch das Sieb geben und mit der Zwiebel zu einer glatten Sauce verrühren. Gänseklein, Gemüse und Backobst hineingeben und alles gemeinsam garen lassen. Zuletzt mit den Gewürzen fein abschmecken.

Zuletzt noch das: Ein ausgesprochen ländliches Gänseklein, dessen Eigenart vom jeweiligen Backobst bestimmt ist.

Gänseklein mit Äpfeln

1 Gänseklein
1 Bund Suppengrün
8 Körner Piment
Salz
1/4 l Wasser
750g geschälte, in Viertel geteilte Äpfel
60g brauner Zucker (Reformhaus)
40g gewaschene Korinthen
1 Stück Zitronenschale (ungespritzt)
2 EL Butter
1 EL Mehl
1 EL geriebene Mandeln
Saft von 1/2 Zitrone

Gänseklein, Suppengrün und Piment in kochendes Salzwasser geben und garen. Äpfel mit Zucker, Korinthen und Zitronenschale in 1/4 l kochendem Wasser langsam garen lassen. Butter und Mehl zu einer hellbraunen Schwitze rühren und mit der durch ein Sieb gegossenen Gänsekleinbrühe verlängern. Mit Mandeln und Zitronensaft zu einer dicklichen Sauce einkochen lassen und Äpfel und Gänseklein hineingeben.

Zuletzt noch das: Zu diesem fruchtigen Gänseklein reichen Sie am besten kleine Semmelknödel.

Gänseklein aus Finnland

1 Gänseklein
3 – 5 Karotten
2 Stangen Porree
1/2 Knolle Sellerie
Salz
1 Lorbeerblatt
2 kleingewürfelte Äpfel
150g vorher eingeweichte und dann kleingeschnittene
    Backpflaumen ohne Stein
Saft von 1 Zitrone
1 TL abgeriebene Zitronenschale (ungespritzt)
2 EL Mehl
2 EL Öl
1 EL Zucker
schwarzer Pfeffer, Majoran
etwas Weinessig
1 EL gehackte Petersilie

Das Gänseklein in 1 1/2 l Salzwasser aufsetzen und kochen lassen. Die Gemüse dazugeben und alles mit Salz und Lorbeerblatt garen. Das gegarte Gänseklein von den Knochen lösen und alles in kleine Stücke schneiden. Das gekochte Gemüse in Streifen schneiden und, mit Mehl bestäubt, in heißem Öl leicht anbräunen. Mit der durchgesiebten Gänsebrühe verlängern. In diese Brühe Äpfel, Backpflaumen und Gänseklein geben und pikant mit Gewürzen und Essig abschmecken. Mit Petersilie überstreuen.
Zuletzt noch das: Dieser gehaltvolle Eintopf wird vermutlich für zwei Mahlzeiten reichen.

Jetzt faßt die Gans den Heinrich an,
Wo sie zunächst ihn fassen kann.

Gänse-Schwarzsauer nach Mecklenburger Art

1 Gänseklein
Salz
375g gemischtes Backobst
Gänseblut
1 Msp. gemahlene Nelken
5 Körner Piment
1 EL Mehl
Zucker, Essig, Salz

Das Gänseklein in wenig Salzwasser garen. Die Brühe durchseihen und das vorher eingeweichte Backobst darin weichkochen. Das beim Schlachten der Gans aufgefangene Gänseblut, das mit Essig verquirlt wurde, mit Gewürzen und etwas Zucker hinzugeben und alles gut durchkochen lassen. Mit Wasser verquirltes Mehl zum Andicken der Brühe zufügen und mit Zucker, Essig und Salz abschmecken.
Zuletzt noch das: Zu diesem Schwarzsauer werden in Mecklenburg kleine Mehlklöße gegessen.

Gänseragout in Weißwein (von Resten)

2 EL Gänsefett
1 gehackte Zwiebel
1 EL Mehl
1 Tasse Fleischbrühe
1 Tasse Gänsebratensauce (Rest)
1 Glas Weißwein
1/4 geschälte und gewürfelte frische Gurke
Saft von 1/2 Zitrone
Salz, Pfeffer, Zucker
250g in Würfel geschnittenes Gänsebratenfleisch (Rest)

Die Zwiebel in heißem Fett andünsten, Mehl darüber stäuben und gelblich rösten. Fleischbrühe, Bratensauce, Weißwein, Gurkenwürfel, Zitronensaft und Gewürze

hinzugeben und alles gut durchkochen. Das Gänsefleisch hinzugeben und darin heiß werden lassen.

Zuletzt noch das: Dieser Nachgeschmack eines köstlichen Gänsebraten wird am besten mit Kartoffelpüree oder Nudeln verspeist.

Ländlicher Gänsetopf (Reste)

2 EL Gänsefett oder Butter
1 gewürfelte Zwiebel
250g geschälte, in Scheiben geschnittene Kartoffeln
1 – 2 in Scheiben geschnittene Karotten
1 Stange in Scheiben geschnittener Porree
200g geputzter Rosenkohl
250g in Würfel geschnittener Gänsebraten
1/4 l Fleischbrühe oder restliche Bratensauce
Salz, Pfeffer, geriebene Muskatnuß
1 EL gehackte Petersilie

Der Heinrich fällt auf seinen Rücken;
Am Ohr tun ihn die Gänse zwicken.

In einem feuerfesten Topf die Zwiebel in heißem Fett anrösten, Kartoffeln und Karotten hinzugeben und unter ständigem Umrühren anbraten. Porree, Rosenkohl und Gänsebraten hinzufügen und mit Fleischbrühe (Bratensauce) verlängern. Nach dem Würzen langsam garen lassen und vor dem Anrichten mit Petersilie bestreuen.

Zuletzt noch das: Auf dem Lande wird das Gericht im Topf auf den Tisch gebracht.

Gänseleber

Sie fliegen dann, o weh, o weh!
Mit Heinrich fort und in die Höh'.

Gebratene Gänseleber „Berliner Art"

1 Gänseleber
1 Eiweiß
1 TL Semmelmehl
1 TL Mehl
Salz, Pfeffer
2 EL Butter
1 Apfel, in Scheiben geschnitten
1 kleine Zwiebel, in Ringe oder Würfel geschnitten

Die Gänseleber gut abwaschen, und wenn nötig, häuten. Durch das mit der Gabel verschlagene Eiweiß ziehen. Semmelmehl und Mehl miteinander mischen und die Leber darin wälzen. Mit Salz und Pfeffer bestreuen und in heißer Butter auf beiden Seiten braten. Die fertige Leber herausnehmen und warm stellen. Im gleichen Fett Apfelscheiben anrichten und mit den Zwiebeln bestreuen oder umgeben.
Zuletzt noch das: Auf diese Weise können Sie jede Geflügelleber, auch vom Huhn oder von der Pute, zubereiten.

Gänseleber mit Orangen

1 Gänseleber
Salz, Pfeffer
1 EL Mehl
2 EL Butter
1/2 Glas Rotwein
1 geschälte, in Spalten geteilte Orange
2 EL Orangensaft
1 TL fein gehackte Petersilie

Die vorbereitete gut gewaschene Gänseleber in Mehl wenden und nach Geschmack mit Pfeffer bestreuen. Butter in der Pfanne zergehen lassen und die Leber darin auf beiden Seiten braten. Leicht salzen, herausnehmen, warm stellen. Das Bratfett mit Rotwein ergänzen, loskochen und die Orangenspalten darin kurze Zeit dünsten. Mit Orangensaft abschmecken und nicht mehr kochen lassen. Die Orangenspalten appetitlich um die Leber anordnen, die Sauce darüber gießen und mit Petersilie bestreuen.
Zuletzt noch das: Auch mit Bananen läßt sich die Leber kombinieren. In diesem Fall sollten Sie die Sauce statt mit Orangensaft mit einen Schuß Cognac anreichern.

Gänseleberpastete, Hausmacherart

2 Gänselebern
125g Schweinefleisch
1 Schalotte
60g Gänsefett
1 Eigelb
Salz, Pfeffer
1 Prise Thymian
Schmalz zum Einfetten der Pastetenform

Eine der Gänselebern häuten und zusammen mit Schweinefleisch, Schalotte und

der Hälfte des Gänsefetts zweimal durch den Fleischwolf geben. Die andere Hälfte des Gäsefetts auslassen und mit Eigelb, Salz, Pfeffer und Thymian unter die durchgedrehte Fleischfarce mischen. Die zweite Gänseleber in dünne Scheiben schneiden. Eine in der Größe angepaßte Pastetenform mit Fett bestreichen. Zuerst einen Teil der Fleischfarce hineinfüllen, Gänseleberscheiben darauflegen, salzen, abermals Fleischfarce auflegen, die übrigen Gänseleberscheiben und als oberste Schicht wieder Fleischfarce füllen. Mit Alufolie abdecken und verschließen. In einen Topf mit kochendem Wasser setzen, wobei das Wasser höchstens 5 cm an den Rand der Pastetenform herankommen darf. 30 Minuten langsam kochen lassen und kühl stellen. Zuletzt noch das: Genießen Sie diese einfache Pastete kalt zu Brot und Toast.

Hoch über seiner Mutter Haus
Da lassen sie den Heinrich aus.

133

Die Gänse aber voll Ergötzen ·
Verzehren Heinrichs braune Brezen.

Straßburger Gänseleberpastete

1 größere Gänseleberpastete
Milch
1 Döschen Trüffeln in Scheiben
2 Eigelb
250 g feingehacktes Schweinefleisch
50 g magerer, roher Schinken, feingewürfelt
50 g fetter Speck, feingewürfelt
2 geriebene Schalotten
2 frische, sehr fein gehackte Champignons
1 TL fein gewiegte Petersilie
1/2 TL Thymian
1/2 Glas Madeira
Salz, Pfeffer, geriebene Muskatnuß
1 Likörglas Rum
100 g geräucherter Speck, in hauchdünnen Scheiben

Die gut gewaschene Gänseleber 12 Stunden in Milch legen, die mehrfach gewechselt wird, damit die Leber recht hell wird. Nach dem Abtrocknen der Leber die Ränder und etwaige grüne Stellen ausschneiden, durch ein Sieb drücken und mit 2 Eigelb gut verrühren. Schweinefleisch mit Schinken, Speck, Schalotten, Champignons, Petersilie und Thymian in Madeira

niedriger Hitze dünsten. Durch ein Sieb streichen und mit den Leberabfällen gründlich zu einer weißen und lockeren Masse verrühren, die mit Salz, Pfeffer, Muskatnuß und Rum gewürzt wird. Die Leber mit kleingeschnittenen Trüffelstiften spicken.

Boden und Rand einer Pastetenform mit Speckscheiben auslegen. Die Hälfte der Farce hineingeben, die Leber darauflegen und Farce darüber füllen. Speckscheiben darauflegen und die Form gut verschließen. Im Wasserbad 1 - 2 Stunden langsam kochen lassen, wobei das Wasser dem Oberrand der Form höchstens auf 5 cm nahe kommen darf.

Zuletzt noch das: Zugegeben, es ist beschwerlicher, eine solche Pastete selbst zu bereiten, als sie im Delikateßgeschäft einfach zu kaufen. Aber sie bedeutet dafür auch - natürlich zu Toast serviert - ein individuelles Gaumenerlebnis.

Gänseschmalz zuzubereiten

Sofern Ihre Bratgans reichlich Fett aufweist, sollten Sie sich die Gelegenheit nicht entgehen lassen, davon würziges Gänseschmalz zuzubereiten. Legen Sie das im Inneren befindliche Fett der Gans und das Darmfett 24 Stunden in frisches, mehrmals erneuertes Wasser. Entfernen Sie die Haut und schneiden Sie alles in Stücke. Braten Sie es in einem Topf zusammen mit zwei geschälten, gewürfelten Äpfeln, etwas Beifuß oder Majoran und einigen Pfefferkörnern so lange aus, bis sich die Reste (Grieben) gelblich zu färben beginnen. Geben Sie, damit es fest wird, Schweineschmalz oder eine gute Pflanzenmargarine hinzu. Gießen Sie das flüssige Schmalz durch ein Sieb, lassen Sie es erstarren und bewahren Sie es kühl auf. Das von der Gans abgeschöpfte Fett können Sie ebenso behandeln.

4. Die Pute

Puten sind durchaus keine „dummen Puten"

Am bekanntesten ist noch immer das Schimpfwort von der „dummen Pute." Die Redensart tut beiden unrecht: der Pute und derjenigen, die so benannt wird. Pute und Truthahn gehören seit dem Jahr 1524 zu den beliebtesten Geflügelgerichten: damals brachten die Spanier in der Nachfolge von Columbus die ersten Truthühner aus dem amerikanischen Florida nach Europa.

Dennoch heißt es immer wieder, schon Griechen und Römer hätten den leckeren Vogel gekannt, der aus Indien nach Europa gekommen wäre. Tatsächlich war der Truthahn noch vor hundert Jahren weithin als Indian (französisch: dindon!) bekannt. Auch der englische Name turkey läßt auf eine orientalische Herkunft schließen. Aber woher sie auch kommen

mögen - Puten und Puter, in den letzten Jahrzehnten immer bekannter und beliebter geworden, sie bilden die Krönung jedes Festmahls, mit Vorliebe zu Weihnachten und Silvester. Die Feinschmecker mögen sich streiten, ob Puten aus drei oder gar sieben Arten Fleisch bestehen. Wohlschmeckend sind alle Bestandteile. Wer aus weiser Voraussicht einen großen Puter von 6 - 10 kg ins Haus holt, kann vielerlei verschiedenartige Mahlzeiten bereiten. Allerdings muß für einen großen Vogel eine ausreichende Bratzeit vorgesehen werden, die bei 5 - 6 kg zwischen drei und vier Stunden liegt und sich, falls die Pute auch noch gefüllt wurde, um weitere 30 Minuten verlängert. Berechnen Sie das genau und setzen Sie Ihren Putenbraten rechtzeitig an. Das Auftauen des tiefgefrorenen Vogels erfolgt am besten über Nacht. Haben Sie es vergessen, dann legen Sie ihn unter den laufenden Wasserhahn, der jedoch kalt rinnen sollte. Unter keinen Umständen in heißem Wasser auftauen!

Die unangenehmste Eigenart eines frisch gelieferten und nicht bereits präparierten Puters besteht darin, daß die kräftigen Keulen von sieben Sehnen durchzogen sind, die das Essen mit Messer und Gabel schwierig machen. Diese Sehnen sollten vor dem Braten geschickt herausgezogen werden, was allerdings nicht immer ganz einfach ist.

Schließlich hat es eine Menge für sich, daß Sie heutzutage Putenfleisch auch aufgeteilt kaufen können: Keulen, Brust, Leber, Schnitzel oder Steaks und den fertig vorbereiteten Putenrollbraten. Sie merken schon: an der gar nicht „dummen Pute" kommen Sie nicht vorbei!

Deutsches Markengeflügel der Handelsklasse A wird so berechnet:

Hähnchen bratfertig bis 1150g (für 2 Personen)

Poularden bratfertig 1150-1750g (für 3 Personen)

Enten bratfertig 2000g (für 4 Personen)

Puten bratfertig 2000-6000g (je Esser ca. 500g)

gebraten

Bratputer Hausfrauenart

1 Puter
Salz, Pfeffer
60g Butter
60g dünne Speckscheiben
1/2 l Wasser
1 Tasse saure Sahne
1 EL Mehl

Den vorbereiteten, gewaschenen und abgetrockneten Puter im Inneren salzen und pfeffern, außen salzen und mit flüssiger Butter bestreichen. Die Keulen zusätzlich mit Speckscheiben belegen und in die mit Butter ausgestrichene Bratpfanne legen und in den vorgeheizten Backofen (je nach Größe 150 - 165 Grad) schieben. 1/8 l heißes Wasser zugießen. Nach etwa einer Stunde den Puter wenden und wenn nötig Wasser nachgießen. Während des weiteren Bratens mehrfach begießen. Kurz vor Beendigung der Bratzeit die saure Sahne über den Vogel verteilen. Den Puter herausnehmen und auf einer Platte warmstellen. Den Bratfond mit Wasser loskochen und mit etwas kalt angerührtem Mehl binden.

Puter auf ländliche Art

1 Pute
Salz, Pfeffer
100g Butter
2 in Scheiben geschnittene Karotten
1 in Ringe geschnittene Stange Lauch
1/2 Sellerie, geraspelt
1 in Scheiben geschnittene Petersilienwurzel
1/2 l Wasser
2 EL Weizenmehl

Die vorbereitete Pute innen salzen und pfeffern, außen nur salzen. Den Vogel dressieren (siehe Seite 45) und mit flüssiger Butter bestreichen. In der Pfanne bei nicht zu heißer Temperatur rundherum anbraten, dann das Gemüse zufügen und alles schmoren lassen. Nach etwa einer Stunde 1/2 l heißes Wasser zufüllen und bedeckt fertig garen lassen. Die herausgenommene Pute warmstellen. Die Sauce mit verquirltem Weizenmehl binden, durch ein Sieb passieren und abschmecken.
Zuletzt noch das: Die so zubereitete Pute kann mit Rosenkohl umlegt und mit Kartoffelpüree gegessen werden.

Puter USA-Art

1 Puter
Salz, Pfeffer
100g Mehl
1 TL aufgelöste Hefe
3 Eier
Salz, Pfeffer
1 Prise Curry
1 EL Majoran
abgeriebene Schale von 1/2 Zitrone (ungespritzt)
1 geriebene Zwiebel
1 EL gehackte Petersilie
1 EL gehackte Kapern
1 gewürfeltes und in Butter geröstetes Brötchen
2 EL saure Sahne
4 EL flüssige Butter
1 EL Speisestärke

Den vorbereiteten Puter innen mit Salz und Pfeffer, außen nur mit Salz einreiben. Aus

Mehl, Hefe, Eiern, Gewürzen, Zitronenschale, Zwiebel, Petersilie, Kapern, Brötchen und Sahne eine breiige Farce kneten und in den Puter füllen, der gut verschlossen wird. Den Vogel mit flüssiger Butter bestreichen und in der Bratpfanne in den heißen Backofen schieben. Während des Bratens häufig begießen und nach Bedarf Wasser nachschütten. Nach dem Herausnehmen des Puters die Sauce mit etwas Stärkemehl andicken.

Zuletzt noch das: So wird in den USA der Puter besonders zum „Thanksgiving-Day" (Erntedank) serviert. Sehr lecker schmekken dazu Birnenhälften, die mit Preiselbeeren gefüllt werden.

Weihnachtlicher Puter

1 Puter
Salz, Pfeffer
Saft von 1 Zitrone
abgeriebene Schale von 1/2 Zitrone (ungespritzt)
500g kleine Äpfel, von Blüte, Stiel u. Kerngehäuse befreit
1 EL gehackte Petersilie
1 EL gehackter Estragon
80g Speck in dünnen Scheiben
1/2 l Fleischbrühe
etwas Weinbrand
1 Glas Rotwein
1 EL Mehl
1/2 Tasse Sahne
2 EL Butter
4 geschälte Bananen
2 Orangen, in Scheiben geschnitten
4 geschälte und in Zucker gedünstete Äpfel
Preiselbeeren oder Mango Chutney

Den vorbereiteten Puter innen mit Salz und Pfeffer einreiben, außen mit Salz und Zitronensaft. In das Innere des Puters Äpfel, Zitronenschale, Petersilie und Estragon geben und verschließen. Mit der Brustseite nach oben in eine Bratpfanne legen und die Brust mit Speckscheiben belegen. Den Backofen auf 200 Grad vorheizen, die Pfanne hineinschieben, heiße Fleisch-

brühe hinzugießen, und damit während des Bratens wiederholt den Puter begießen. Den fertig gebratenen Puter auf eine Platte legen, die Haut mit kaltem Salzwasser und Weinbrand bepinseln und nochmals kurz in den Backofen stellen. Zur Bratsauce Rotwein hinzugießen und mit in Sahne verquirltem Mehl andicken. Fein abschmecken. Den Puter mit in Butter gebratenen Bananen und zugleich glasierten Orangenscheiben sowie mit Äpfeln, die mit Preiselbeeren oder Mango Chutney gefüllt werden, umlegen.

Zuletzt noch das: Zwar bietet schon der gebratene Vogel einen imponierenden Anblick, aber die originelle Auswahl von Beilagen macht ihn doppelt lecker.

Puter mit Meerrettich-Sahne

1 Puter
Salz, Pfeffer
3 Orangen
1 in Milch eingeweichtes und ausgedrücktes Brötchen
Puterherz und -magen, gekocht und fein geschnitten
Putenleber, roh, in Würfel geschnitten
1 feingeriebene Zwiebel
1/4 Sellerie, geraspelt
Salz, Pfeffer
60g Butter
175g Schlagsahne
1 - 2 EL frisch geriebener Meerrettich oder aus der Dose
1 TL Zitronensaft
1 Prise Salz und Zucker
etwas geriebene Orangenschale (ungespritzt)
Orangensaft
Zitronensaft
Salz, Zucker
1 TL Speisestärke

Den vorbereiteten Puter innen mit Salz und Pfeffer, außen nur mit Salz einreiben. 2 Orangen halbieren, das Fruchtfleisch herauslösen und in Stücke schneiden. Die Orangenstückchen mit Brötchen, Herz, Magen, Leber, Zwiebel, Sellerie sowie Salz und Pfeffer verkneten. In den Puter füllen,

ihn verschließen und dick mit Butter einreiben. Auf der Bratpfanne in den heißen Backofen schieben und unter häufigem Begießen braten. Sahne steifschlagen und mit Meerrettich, Zitronensaft, Salz und Zucker pikant abschmecken. In die ausgehöhlten halben Orangenschalen spritzen und als Garnitur um den fertig gebratenen Puter legen. Die Sauce in der Bratpfanne mit Orangenschale, Orangen- und Zitronensaft, Salz und Zucker abschmecken. wenn nötig, mit Speisestärke andicken.

Truthahn, in Folie gebraten

1 Truthahn
Salz, Pfeffer
Saft von 1 Zitrone
2 EL flüssige Butter
1 EL gehackte Petersilie
2 frische Salbeiblätter

Den Truthahn innen mit Salz und Pfeffer einreiben, außen mit Zitronensaft. Das Innere mit Butter ausstreichen, Petersilie darin verteilen un die Salbeiblätter hineingeben. Die verschlossene Pute in gebutterte Alufolie einwickeln, die Ränder gut verschließen und, mit der Brustseite nach oben, in den auf 200 Grad vorgeheizten Backofen schieben. Wenn drei Viertel der ungefähren Bratzeit vergangen sind, die Folie öffnen und die Pute durch Oberhitze bräunen lassen. Die endgültig gegarte Pute vorsichtig heben, so daß der Bratensaft erhalten bleibt. Auf eine Platte legen, mit kaltem Salzwasser und Weinbrand bepinseln und noch einmal kurz in den Bratofen stellen. Die in der Folie verbliebene Bratsauce mit Wasser und Speisestärke andicken und abschmecken.
Zuletzt noch das: Das Braten in der Folie läßt den Truthahn ungemein saftig bleiben.

gefüllt

Obstfüllung

8 kleine Äpfel ohne Blüte, Stiel und Kerngehäuse
1 Tasse kalifornische Weinbeeren
1 Tasse am Abend vorher eingeweichte Backpflaumen
*   ohne Kern*

Die drei Fruchtarten miteinander mischen, in die Pute füllen und diese verschließen.

Kastanienfüllung

500 - 1000g geschälte Kastanien
2 EL Butter
Salz

Kastanien mit Butter und etwas Salzwasser halb weich dünsten, einfüllen und verschließen.

Kalbfleisch-Füllung

250g fetter Speck, fein gehackt
375g Kalbfleisch, fein gehackt
Salz, Pfeffer
250g geschälte Kastanien

Speck und Kalbfleisch mischen, würzen und die Kastanien dazugeben. Einfüllen und verschließen.

Zitronen-Kastanienfüllung

500g geschälte Kastanien
etwas Fleischbrühe
125 g Butter
100g Semmelmehl
1 EL feingehackte Zitronenschale (ungespritzt)
Zitronensaft
Salz, Pfeffer, Muskatnuß
3 Eigelb

Kastanien in der Fleischbrühe halb weich dünsten und abkühlen lassen. Butter mit Semmelmehl, Zitrone, Gewürzen und Eigelb verrühren. Mit den Kastanien vermischen, einfüllen und verschließen.

Reisfüllung

2 EL Butter
1 EL brauner Zucker
3 Tassen gekochter Langkorn-Reis
100g eingeweichte Sultaninen
2 in Würfel geschnittene Äpfel
100g gehackte Mandeln
1 EL Zitronensaft
1 TL Zimt

Butter in der Pfanne zerlassen und Zucker darin zum Schmelzen bringen. Reis, Sultaninen, Äpfel und Mandeln hineingeben und durchschwenken. Mit Zitronensaft und Zimt abschmecken und einfüllen.

Pikante Fleischfüllung

2 in Milch eingeweichte und ausgedrückte Brötchen
2 EL Butter
375g gehacktes Kalbfleisch
250g gehacktes Schweinefleisch
2 Eier
1 TL geriebene bittere Mandeln
50g gehackte frische Champignons
Salz, weißer Pfeffer

Brötchen in heißer Butter anrösten und abkühlen lassen. Danach mit allen anderen Zutaten verkneten und einfüllen.

Französische Füllung

200g frischer Speck, sehr fein gehackt
50g Speck in hauchdünnen Scheiben
200g feingehackte Geflügelleber (notfalls: Rinderleber)
1 in Milch eingeweichtes und ausgedrücktes Brötchen
2 Eier
1/2 Glas Portwein
Salz, Pfeffer, etwas Muskatnuß
einige Trüffeln oder Edelpilze

Den gehackten Speck mit Leber, Brötchen, verquirlten Eiern, Portwein und den Gewürzen vermischen. Die Trüffeln machen die Füllung ebenso delikat wie kostspielig. Sie werden zuletzt zugegeben. In die Pute füllen, dünne Speckscheiben darauflegen, verschließen.

Feinschmecker-Füllung

1 EL Butter
2 gehackte Schalotten
1 gehackte Putenleber
Füllung einer Bratwurst
1 in Milch eingeweichtes und ausgedrücktes Brötchen
1 Ei
1/2 Tasse Sahne
500g gewürfelte Maronen aus der Dose
1 geraspelter Apfel
Salz, Pfeffer
1 EL gehackte Petersilie
1 EL gehackter Dill
1 Glas Portwein

Butter schmelzen lassen, die Schalotten, Putenleber und Bratwurstmasse kurz darin durchrösten, Brötchen, Ei, Sahne, Maronen und Apfel daruntermischen, abschmecken und Kräuter und Portwein hinzugeben. Einfüllen und verschließen.

Pute in Stücken

Gebackene Pute nach Budweiser Art

1 Babypute
Saft von 2 Zitronen
Salz, Cayennepfeffer
1 EL Paprika
4 EL Mehl
4 Eier
200g Semmelmehl
5 EL Öl
100g Margarine
1 TL abgeriebene Schale von 1 Zitrone (ungespritzt)
1 TL Paprika edelsüß
1 Glas Weißwein

Die Pute in sechs Teile zerlegen und mit Zitronensaft sowie Salz, Pfeffer und Paprika kräftig einreiben. Die Stücke mit Mehl bestäuben, durch die geschlagenen Eier ziehen und mit Semmelmehl panieren, das fest angedrückt wird. Öl erhitzen und die Putenstücke darin rundherum braun anbraten. Mehrfach mit zerlassener Margarine beträufeln, und das Fleisch immer wieder begießen. In das Bratfett Zitronenschale und Paprika geben, Weißwein zugeben, alles in die Backröhre schieben und dort garen lassen. 20 - 30 Minuten vor dem An-

richten mit Oberhitze kräftig bräunen lassen.
Zuletzt noch das: Zu diesen gebackenen Putenstücken schmeckt ein Kartoffelsalat besonders lecker.

Putenrollbraten nach Aalborger Art

1 kg Putenrollbraten (tiefgekühlt)
Salz, Pfeffer
2 EL Butter
1/4 l Fleischbrühe
1 EL Mehl
250g frische, blättrig geschnittene Champignons
500g Rosenkohl
Salz
2 EL Butter
20g in Blätter geschnittene Mandeln
geriebene Muskatnuß

Den Braten mit Salz und Pfeffer einreiben, mit flüssiger Butter bepinseln und in gebutterte Alufolie einwickeln. Im 200 Grad heißen Backofen 60 Minuten garen. Danach Folie öffnen und mit Oberhitze unter öfterem Begießen mit dem Fleischsaft rundherum bräunen. Den fertigen Rollbraten auf einer Platte warmstellen. Bratfond in eine Kasserolle geben, mit Fleischbrühe auffüllen, Champignons hineingeben und 5 Minuten garen lassen. Sauce mit Mehl andicken und gut abschmecken. Während des Bratens den geputzten Rosenkohl zwanzig Minuten in wenig Salzwasser dünsten. Mandelblättchen in zerlassener Butter hellbraun rösten und zum Rosenkohl geben, der mit Salz und Muskatnuß gewürzt wird.
Zuletzt noch das: Beim Servieren wird der Rosenkohl um den Rollbraten verteilt, während die Sauce getrennt auf den Tisch kommt. Sie essen Salzkartoffeln dazu.

Putenkeule, dänische Art

50g in Streifen geschnittener Räucherspeck
2 in Würfel geschnittene Zwiebeln
1 große Putenkeule oder 2 kleinere
Salz
1 EL Paprika edelsüß
1 EL Tomatenmark
1/4 l Fleischbrühe
1/2 Tasse süße Sahne
1 EL Stärkemehl

Speck mit Zwiebeln anbräunen und die Putenkeule darauf 5 - 10 Minuten unter mehrfachem Wenden anbraten. Mit Salz und Paprika würzen. Das Tomatenmark zur Bratflüssigkeit rühren. Heiße Fleischbrühe zugießen und das Putenfleisch darin etwa 45 Minuten schmoren, wobei etwa die Hälfte der Flüssigkeit allmählich verkochen sollte. Die gegarte Putenkeule auf einer Platte warmstellen. Die Sauce mit Sahne und Stärkemehl andicken und die Keule darin servieren.
Zuletzt noch das: In Dänemark ißt man dazu mit Vorliebe Kartoffelpüree und Sauerkraut.

Putenschnitzel Milano

1 Putenkeule
Salz
1 - 2 gewürfelte Karotten
1/4 gewürfelte Sellerieknolle
1/2 Stange Lauch, in Scheiben geschnitten
1 gewürfelte Zwiebel
2 EL Weißwein
1 Ei
3 EL Parmesankäse
2 EL Mehl
1/2 Tasse Milch
Öl zum Ausbacken

Die Putenkeule in wenig kochendem Salzwasser mit dem Gemüse garen. Das Putenfleisch vom Knochen der Keule lösen, in Schnitzel zerteilen und mit Weißwein be-

träufeln. Ei, Parmesankäse, Mehl und Milch verquirlen, das Schnitzel darin gut wenden und in heißem Öl (z.B. in der Friteuse) ausbacken.

Zuletzt noch das: Lassen Sie die Erinnerung an italienische Ferientage lebendig werden, indem Sie dazu Spaghetti und Tomatensauce genießen.

Sauerbraten von Putenkeulen

1/8 l Kräuteressig
1/4 l Wasser
4 Körner Piment
2 Gewürznelken
1 Lorbeerblatt
1 geriebene Schalotte
2 Putenkeulen
Salz, Pfeffer aus der Mühle
2 EL Butter
1 in Würfel geschnittene Zwiebel
1 EL Stärkemehl
2 EL Sahne

Aus den ersten sechs Zutaten eine Marinade bereiten und die Putenkeulen zwei Tage lang darin liegen lassen und gelegentlich wenden. Vor dem Braten abtrocknen, mit Salz und Pfeffer einreiben und in nicht zu heißer Butter anbraten. Die Zwiebel hinzugeben, einen Teil der durchgeseihten Marinade zugießen und darin 90 Minuten dünsten. Die Sauce mit in Sahne verquirltem Stärkemehl binden.

Wer Geflügel füllt, hat nicht nur mehr zu essen: auch das Fleisch des Vogels schmeckt besser und bleibt saftiger.

Gulasch von Putenfleisch

300g Putenfleisch von Brust oder Keulen, in passende
Stücke geschnitten
2 EL in Würfel geschnittener fetter Speck
2 in Würfel geschnittene Zwiebeln
2 in Würfel geschnittene Paprikaschoten
2 in Viertel geteilte Tomaten
1 EL Tomatenmark
Salz, Cayennepfeffer
1 TL Paprika, edelsüß
1 EL Stärkemehl
1 EL gehackte Petersilie

Die Fleischwürfel zu den glasig gebratenen Speckwürfel geben und anrösten. Mit
etwas Wasser ablöschen. Zwiebel sowie
Paprika hinzugeben und mitdünsten. Kurz
vor dem Garwerden die Tomatenviertel,
Tomatenmark und Gewürze zufügen, und
die Sauce mit Stärkemehl dicklich binden.
Petersilie darüberstreuen.

Truthahnbrust nach Herzogin-Art

2 große Scheiben Truthahnbrust (tiefgefroren)
125g Parmesankäse, in feine Würfel geschnitten
Salz, Pfeffer
1 kleine Dose Trüffeln oder frische geröstete
Champignons
1 Ei
2 EL Mehl
50g Butter
1 Tasse süße Sahne

Die aufgetauten Truthahnscheiben filetartig flach drücken. Auf jede von ihnen einen EL Parmesankäse, Salz, Pfeffer, einige Trüffeln oder Champignons geben. Die Scheiben zusammenrollen, so daß die Füllung gut verschlossen ist, und die Ränder fest zusammendrücken. Mehl darüber stäuben und in geschlagenem Ei wälzen. In erhitzter Butter gut braten und abschließend süße Sahne zugeben, wobei die Pfanne immer bewegt werden muß, damit die Sahne nicht gerinnt. Mit Salz und Pfeffer würzen. Vor dem Servieren geriebene Trüffeln oder gehackte Champignons darüberstreuen.

Putensteaks mit Ananas

2 Putensteaks, je 150g
1 1/2 EL Öl
Kräutersalz (aus dem Reformhaus)
Paprika edelsüß
2 Scheiben Ananas

Die gewaschenen und abgetrockneten Putensteaks mit Öl bestreichen und auf dem Rost braten. Mit Salz und Paprika würzen. Ananasscheiben ebenfalls mit Öl einreiben und rösten. Auf die Steaks legen und nach Belieben garnieren.
Zuletzt noch das: Eine leichte Mahlzeit, die schnell und mühelos zubereitet ist.

Putensteak - umbacken

1 Ei
1 EL Mehl
Salz
schwarzer Pfeffer aus der Mühle
1 zerdrückte Knoblauchzehe
1 TL Majoran
2 EL Butter
3 EL Öl
2 Putensteaks zu je ca. 150g

Zuerst aus Ei, Mehl und Gewürzen einen dickflüssigen Teig rühren, der 30 Minuten ruhen sollte. Butter und Öl gemeinsam in der Pfanne erhitzen. Die Steaks im Teig wenden und im heißen Fett etwa 5 Minuten auf jeder Seite backen.
Zuletzt noch das: Mit einem saftigen Tomatensalat schmeckt das eingehüllte Putensteak besonders gut.

Putenspieße

250g Putenfleisch von der Brust
2 mittelgroße Zwiebeln
125g kleine Champignonköpfe
1 EL Öl
1 EL Paprika edelsüß
Kräutersalz
1 EL Sojasauce

Das gewaschene und abgetrocknete Putenfleisch in gleich große Würfel schneiden. Zwiebeln in Achtel zerteilen und Pute und Zwiebel wie auch die Champignonköpfe abwechselnd auf Spieße stecken. Eine Marinade aus Öl, Paprika, Kräutersalz und Sojasauce rühren und das Fleisch damit bestreichen. Unter regelmäßigem Wenden im vorgeheizten Grill auf dem Rost 15 Minuten garen.

Zuletzt noch das: Solche Spieße mit Putenfleisch, zu denen beispielsweise ein Karot-
ten-Reis-Salat gut paßt, lassen sich auch
mit anderen Zutaten wie Speck, Paprikaschoten, Leber oder Früchten zusammen-
stellen. Lassen Sie Ihre Phantasie spielen.

Italienischer Putenauflauf (von Resten)

2 Eßlöffel Butter
2 EL Mehl
2 Tassen Milch
Salz, Paprika
1 in Würfel geschnittene Paprikaschote
10g vorgekochte Spaghettis
200g gewürfeltes Putenfleisch (gekocht oder gebraten)
100g Champignons aus der Dose
2 EL Semmelmehl
2 EL geriebener Parmesankäse
2 EL Butter in Flöckchen
Margarine zum Einfetten der Auflaufform

Aus Butter und Mehl eine Schwitze bereiten, in die bei geringer Hitze Milch gerührt
wird. Mit Salz und Paprika würzen. In eine
gefettete Auflaufform Paprikaschote, Spaghettis, Putenfleisch und Pilze abwechselnd legen und die Milchflüssigkeit darübergießen. Mit Semmelmehl und gerie-
nem Parmesan überstreuen und mit Butterflöckchen belegen. In dem auf 200 Grad
vorgeheizten Backofen 20 Minuten überbacken.
Zuletzt noch das: Auch für dieses Rezept
gilt, daß der phantasievolle Koch es mit
anderen Zutaten vielseitig abwandeln
kann.

153

5. Geflügel-Salate

Geflügelsalate nach Herzenslust

Ob als Vorspeise, ob als kaltes Hauptgericht zu Weißbrot, Toast oder deftigem Bauernbrot – Geflügelsalate sind immer richtig. Vorausgesetzt, daß sie mit Pfiff zubereitet werden. Nicht weniger wichtig aber ist es, einen solchen Geflügelsalat auch fürs Auge so herzurichten, daß den Essern schon vorher das Wasser im Munde zusammenläuft. Gut garniert ist halb gelungen. Machen Sie sich also dann und wann das Vergnügen, ein Hühnchen oder einen anderen Vogel ausschließlich deshalb zu kochen, um ihn zu Salat zu verarbeiten.

Geflügelsalat, zur Frühlingszeit

2 Tassen gekochtes, gewürfeltes Geflügelfleisch
1/2 gehobelte Salatgurke
1 Bund gehobelte Radieschen
1/2 gewürfelte rote Paprika
1/2 gewürfelte grüne Paprika
1 Tasse Erbsen aus der Dose
Kresse

Marinade:

2 EL Öl
2 EL Kräuteressig
Salz, edelsüßer Paprika, Cayennepfeffer

Geflügelfleisch, Gurke, Radieschen, Paprika und Erbsen miteinander mischen. Die Zutaten der Marinade verrühren, über den Salat geben und durchziehen lassen. Erst unmittelbar vor dem Anrichten mit Kresse überstreuen.

Truthahnsalat made in USA

1 Tasse gebratenes, gewürfeltes Truthahnfleisch
1 geschälter, gewürfelter Apfel
1 geschälte, in Scheiben geschnittene Banane
1 geschälte, gewürfelte Mandarine
1 kleine Dose Spargelspitzen
Saft von 1 Zitrone
Salz, Zucker
einige Maraschinokirschen
einige Erdnüsse

Salat-Sauce:

150g Mayonnaise
1/2 Becher Joghurt
1 EL Tomatenketchup
1 TL Senf
1 EL Sojasauce

Truthahnfleisch mit Obst und Spargel mischen, mit Zitronensaft beträufeln und mit Salz und Zucker würzen. Eine pikante Sauce aus Mayonnaise, Joghurt, Ketchup, Senf

und Sojasauce rühren und unter den Salat heben, der mit Maraschinokirschen und Erdnüssen garniert wird.

Avocado-Geflügelsalat

2 Grapefruits
2 Orangen
1 Avocado
3 Tomaten, geachtelt
2 Tassen gekochtes, gewürfeltes Geflügelfleisch

Salat-Sauce:
150g Majonnaise
Saft einer Zitrone
1/2 TL Senf
1 EL Tomatenketchup
Salz, Pfeffer, Zucker

Grapefruits und Orangen schälen und in kleine Stücke schneiden. Die Avocado halbieren, Kern und Schale entfernen und in Scheibchen schneiden. Diese Früchte mit den Tomaten und dem Geflügelfleisch mischen. Die Zutaten für die Sauce verrühren und über den Salat geben. Es sieht gut aus, wenn der Salat in ausgehöhlten Grapefruitschalen angerichtet wird.

Geflügelsalat mit Pfirsichen

200g gekochtes, gewürfeltes Geflügelfleisch
4 gewürfelte Pfirsichhälften aus der Dose
100g kleine Champignonköpfe aus der Dose
1 EL gehackte Petersilie

Salat-Sauce:
150g Mayonnaise
1/2 Becher Joghurt
Kräutersalz (Reformhaus)
Pfeffer, Zucker, Zitronensaft

Geflügelfleisch mit Pfirsichen, Champignons und Pistazien mischen. Mayonnaise

mit Joghurt und Gewürzen zu einer pikanten Sauce verrühren und unter den Salat heben. Auf Salatblättern anrichten, mit Pfirsichscheiben und ganzen Pistazien garnieren.

Hühnersalat mit Chicorée

2 Chicoréestauden
1 Tasse gekochtes, gewürfeltes Hühnerfleisch
1 geachtelte Tomate

Salat-Sauce:

150g Mayonnaise
1/2 Becher Joghurt
1 EL Tomatenketchup
Salz, Paprika, Zucker, Zitronensaft

Die Chicoréestauden waschen, der Länge nach halbieren, den festen, bitteren Kern herauslösen, in Streifen schneiden und mit dem Hühnerfleisch vermischen. Mayonnaise mit Joghurt, Ketchup und Gewürzen verquirlen und über den Salat geben. Mit Tomatenachteln garnieren.

Piratensalat

1 Tasse in Streifen geschnittenes Geflügelfleisch
50g in Streifen geschnittener Emmentaler
2 geschälte, gewürfelte Äpfel
2 hartgekochte, gewürfelte Eier
einige schwarze Oliven

Salat-Sauce:

100g Mayonnaise
1 TL geriebener Meerrettich
2 EL Joghurt
Salz, Pfeffer, Zucker, Zitronensaft

Geflügelfleisch mit Käse, Äpfeln und Eiern vermischen. Mayonnaise mit den Zutaten für die Sauce verquirlen, pikant abschmek-

ken und unter den Salat geben. Den Salat gut durchziehen lassen und, mit Oliven garniert, kühl servieren.

Geflügelcocktail mit (und in) Pampelmuse

1 Pampelmuse
10 Spargelköpfe
1 Tasse gewürfeltes Hühnerfleisch
1 EL gehackte Walnüsse
1/8 l steifgeschlagene Sahne
Salz, Curry

Die Pampelmuse halbieren. Das Fleisch herausheben und in Würfel schneiden, mit Spargelstückchen und Hühnerfleisch mischen. In die Pampelmuse Salatblätter legen und den Salat darauf anordnen. Sahne mit Salz und Curry würzen, darübergeben, und zuletzt gehackte Nüsse über den Salat streuen.

Geflügelsalat nach orientalischer Art

1 Tasse gekochter Reis
1 Tasse gebratene, gewürfelte Geflügelleber
2 Scheiben gekochter, gewürfelter Schinken
1 kleine Dose Champignonköpfe
2 gewürfelte Tomaten
1 kleiner Kopf Endiviensalat
1 EL Kokosflocken
Kresse zum Bestreuen

Salat-Sauce:

3 El Öl
2 EL Kräuteressig
Saft von 1 Zitrone
Kräutersalz (Reformhaus)
Piment, Zucker

Reis mit Geflügelleber, Schinken, Champignons und Tomaten mischen. Eine Marinade aus Öl, Kräuteressig, Zitronensaft, Kräutersalz, Piment und Zucker bereiten, über den Salat gießen und ziehen lassen. Endiviensalat waschen, abtropfen lassen und in Streifen schneiden. Eine Schüssel damit auslegen und den Geflügelsalat darauf füllen, der vor dem Anrichten mit Kokosraspel und Kresse bestreut wird.

Wer einen Garten hat, baut für den Gänsebraten Beifuß, Majoran und Thymian selbst an.

Puten-Reissalat „Indian"

1 Tasse gekochter Reis
1 Tasse gebratenes, gewürfeltes Putenfleisch
1 kleine Dose Maiskörner
1 gewürfelte Gewürzgurke
1/2 Tasse kalifornische Weinbeeren
1/2 Tasse Erbsen
1 gewürfelte Scheibe Ananas
1 halber, gewürfelter Pfirsich
1 gewürfelte Tomate
1 TL feingewiegter Dill

Salat-Sauce:

4 EL Öl
1 EL Zitronensaft
1 TL Curry
einige Spritzer Tabasco
Kräutersalz (Reformhaus)
100g Mayonnaise

Reis, Putenfleisch, Maiskörner, Gewürzgurke, Weinbeeren, Erbsen, Ananas, Pfirsiche und Tomaten mischen und mit Dill
bestreuen. Die Sauce aus den angegebenen Zutaten mischen und über den Salat
geben, der kühl durchziehen sollte. Vor
dem Servieren die Mayonnaise gut untermischen.

Fruchtiger Geflügelsalat

1 geschälter, gewürfelter Apfel
1 in Scheiben geschnittene Banane
Saft von 1 Zitrone
1 Tasse gewürfeltes, gekochtes Geflügelfleisch
1 geschälte, gewürfelte Apfelsine
100g entkernte, halbierte Weintrauben
1 EL geröstete Mandelblätter

Salat-Sauce:

150g Mayonnaise
1 EL Joghurt
einige Tropfen Cointreau
Salz, Zucker

Apfel und Banane mit etwas Zitronensaft
beträufeln und mit Geflügelfleisch, Apfel-

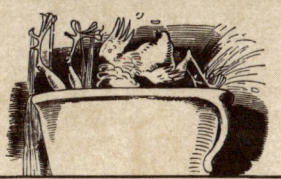

sine und Weintrauben vermischen. Mayonnaise unterheben, die mit Zitronensaft, Cointreau, Salz und Zucker fein abgeschmeckt wird. Zuletzt über alles Mandeln streuen.

Geflügelsalat „Kaleidoskop"

2 Tassen gekochtes, gewürfeltes Hühnerfleisch
1 Glas Maiskölbchen
1 kleine Dose Spargelstücke
1 gewürfelte Gewürzgurke
3 geachtelte Tomaten
1 Kopf grüner Salat
4 Artischockenböden
3 hartgekochte, geachtelte Eier
1 EL feingehackter Dill

Salat-Sauce:

200g Mayonnaise
1 Becher Joghurt
Salz, Zucker
1 TL Senf
1 EL Zitronensaft

Bei diesem auch für Gäste bemessenen Salat das Hühnerfleisch mit den abgetropften Maiskölbchen, Spargelstückchen, der Gewürzgurke und den Tomatenachteln mischen. Grünen Salat waschen, sehr gut abtropfen lassen, in feine Stücke zupfen und locker unterheben. Die Mayonnaise mit Joghurt, Salz, Zucker, Senf und Zitronensaft verquirlen und über den Salat gießen. Schalen mit Artischockenböden auslegen, den Salat darüber häufen, mit Eierachteln garnieren und zuletzt mit Dill bestreuen.

Geflügelsalat
„Melusinenhof"

2 Tassen gekochtes, gewürfeltes Geflügelfleisch
2 EL Sojasauce
einige Tropfen Worcestersauce
2 hartgekochte, halbierte Eier
1 EL feingehackte Petersilie
1 EL feingehackter Dill
4 mit Paprika gefüllte Oliven, in Scheiben geschnitten

Salat-Sauce:

150g Mayonnaise
1/2 Becher Joghurt
1 – 2 TL Curry
1 TL Senf
1 Msp. Safran

Geflügelfleisch mit Sojasauce und Worcestersauce marinieren und in eine Schale geben. Die Mayonnaise mit Joghurt, Safran, Curry und Senf vermischen, abschmecken und über das Fleisch gießen. Halbierte Eier daraufsetzen, mit Oliven garnieren und mit Kräutern bestreuen.

Hühnersalat der guten Hausfrau

2 Tassen gekochtes, gewürfeltes Hühnerfleisch
1 gewürfelte Gewürzgurke
1 geschälter, gewürfelter Apfel
100g Maiskörner aus der Dose

Salat-Sauce:

150g Mayonnaise
1/2 Becher Joghurt
1 TL Senf
1/2 TL Curry
Salz, Pfeffer, Zucker

Die Zutaten vermischen, die pikant abge-
schmeckte Sauce darübergeben und mit
Scheiben von Gewürzgurken garnieren.
Der Salat sollte mehrere Stunden ziehen.

Grüner Geflügelsalat

2 Tassen gekochtes, gewürfeltes Geflügelfleisch
2 Salatköpfe, die inneren zarten Blätter in Streifen
  geschnitten
1 gewürfelte Tomate
2 hartgekochte Eier in Scheiben geschnitten
1 EL feingehackte Kräuter (Petersilie, Estragon, Dill,
  Schnittlauch)

Salat-Sauce:

2 EL Kräuteressig
4 EL Öl
Salz, Pfeffer, Zucker

Das Hühnerfleisch mit zwei Dritteln der aus
Kräuteressig, Öl, Salz, Pfeffer und Zucker
gerührten Sauce marinieren und eine
Stunde ziehen lassen. Danach die gewaschenen und gut abgetropften Salatstrei-
fen mit Tomatenwürfeln und Eierscheiben
locker unter das Geflügelfleisch mischen.
Mit dem Rest der Salatsauce übergießen
und mit Kräutern bestreuen. Sofort servieren.

Geflügel-Spargelcocktail „Ann"

*4 Stangen gedünsteter und in kleine Stückchen
 geschnittener Spargel*
2 EL gekochtes, gewürfeltes Geflügelfleisch
Salz
1/2 Scheibe feingeschnittene Ananas
1 hartgekochtes, feingehacktes Ei
2 Scheiben Tomaten
1 TL gehackte Petersilie

Cocktail-Sauce:

100g Mayonnaise
1 TL Zitronensaft
Curry
Spritzer Tabasco
einige Tropfen Cognac

Die Mayonnaise mit Zitronensaft, Tomatenketchup und Cognac verrühren. Spargel und Geflügelfleisch vermischen, salzen und die Ananasstückchen hinzugeben. Zwei Glasschalen mit grünen Salatblättern auslegen, und das Fleisch einfüllen. Die Cocktailsauce darüberschütten. Mit gehacktem Ei überstreuen. Mit Tomate und Spargelspitze garnieren und Petersilie darüber verteilen.

Geflügelcocktail mit Erdbeeren

8 halbierte Erdbeeren
etwas Zucker
12 Spargelköpfe
100g gekochtes und gewürfeltes Hühnerfleisch

Cocktail-Sauce:

100g Mayonnaise
1/2 TL Tomatenketchup
1 TL Zitronensaft
Salz, Prise Zucker, weißer Pfeffer
1/2 Likörglas Cognac oder Weinbrand

Die Erdbeeren leicht zuckern, um das Aroma zu heben, und danach mit Spargel und Hühnerfleisch vermengen. Eine Cocktailsauce mit den angegebenen Zutaten bereiten. Glasschalen mit Salatblättern auslegen, den Salat einfüllen, die Sauce darüber geben und mit Erdbeeren garnieren.

Bunter Salat in Melone

1 Melone
50g geschälte Krabben
2 gewürfelte Pfirsichhälften aus der Dose
200g halbierte und entkernte Weintrauben
1 kleiner gewürfelter Apfel
6 schwarze Oliven
2 Tassen gekochtes, gewürfeltes Hühnerfleisch

Salat-Sauce:

200g Mayonnaise
1 Becher Joghurt
1 TL Zucker
1 EL Zitronensaft
Salz, Pfeffer
1 Msp. Safran

Den oberen Teil der Melone als Deckel abschneiden. Die Melone aushöhlen und ihr Fleisch in Stücke schneiden. Mit Krab-

ben, Pfirsichen, Weintrauben, Apfel, Oliven und Hühnerfleisch mischen und alles wieder in die ausgehöhlte Melone füllen. Die Zutaten für die Sauce verrühren und über den Salat verteilen. Im Kühlschrank einige Zeit ziehen lassen. Die Menge ist für 4 Personen ausreichend.

Geflügelcocktail mit Erbsen

1 Tasse gekochtes, in Streifen geschnittenes Hühnerfleisch
1 Tasse abgetropfte Erbsen aus der Dose
1 EL feingehackte Kräuter
1 hartgekochtes Ei in Scheiben

Cocktail-Sauce:

100g Mayonnaise
2 EL geschlagene Sahne
1 EL Tomatenketchup
1 EL Sherry
Salz, Pfeffer, Zucker, Zitronensaft

Hühnerfleisch und Erbsen miteinander mischen. Alle Zutaten für die Cocktailsauce verquirlen und darüber geben. Auf grünen Salatblättern und flachen Glasschalen anrichten, mit gehackten Kräutern bestreuen und mit Ei verzieren. Der Cocktail soll kühl serviert werden und kann, statt mit Erbsen, auch mit Champignons, Maiskörnern oder gewürfeltem Obst zubereitet werden.

6. Geflügel-Toasts

Toast mit Geflügelbrüstchen

2 Scheiben Toastbrot
6 EL Mayonnaise
2 große Salatblätter
2 Tomaten, in je 6 Scheiben teilen
2 gebratene Geflügelbrüstchen
4 Scheiben kroß gebratener magerer Speck
Mayonnaise aus der Tube
Petersilie

Die gerösteten Toastscheiben mit Mayonnaise bestreichen, ein Salatblatt daraufle-gen, und darauf vier Scheiben Tomaten verteilen. Geflügelbrust darauflegen, dar-über kreuzweise zwei Speckscheiben und zuletzt die restlichen Tomatenscheiben. Mit Mayonnaise betupfen und mit Petersilie garnieren.

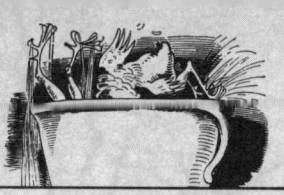

Überbackener Toast „Gourmet"

2 Scheiben Toastbrot
1 EL Butter
1 in Ringe geschnittene Zwiebel
1 Tomate in Scheiben
100g Krabbenfleisch
Salz, Pfeffer
2 EL Sahne
100g gekochtes, gewürfeltes Geflügelfleisch
4 Salatblätter
2 Scheiben Schnittkäse
Petersilie

Die Toastscheiben auf beiden Seiten leicht anrösten. In heißer Butter Zwiebelringe und Tomaten leicht anrösten, Krabben hineingeben, mit Salz und Pfeffer würzen und gut durchschwenken. Die Masse mit 2 EL Sahne verfeinern und auf dem Toast verteilen. Geflügelfleisch darauflegen. Salatblätter in Streifen schneiden und darüberhäufen. Mit Käsescheiben bedecken und im heißen Grill überbacken. Heiß, mit Petersilie garniert, servieren.

Toast Las Vegas

2 Scheiben Weißbrot
20g Butter
2 Scheiben Ananas
2 gebratene Hähnchenbrüste
2 Scheiben Schnittkäse, in Streifen geschnitten
2 Cocktailkirschen

Weißbrot nur auf einer Seite rösten und die ungeröstete Seite mit Butter bestreichen. Zuerst die Ananasscheibe und dann die Hähnchenbrust darauflegen. Käse in Streifen schneiden und gitterförmig darüberlegen. Im vorgeheizten Grill überbacken und, mit Cocktailkirsche garniert, heiß servieren.

Geflügelbrot nach skandinavischer Art

2 Scheiben Graubrot
20g Butter
2 Salatblätter
200g gebratenes oder gekochtes Geflügelfleisch
1 TL Senf
1 EL Öl
1/2 geriebene Schalotte
Zucker, Zitronensaft
1/2 Tasse steifgeschlagene Sahne

Salatblätter auf die gebutterten Brotscheiben legen und das Geflügelfleisch darauf. Senf mit Öl verrühren und mit Zwiebel, Zucker und Zitronensaft würzen. Zuletzt Sahne unterrühren und diese Masse über das Geflügelfleisch geben.

Pilz-Geflügel-Toast

2 Scheiben Toastbrot
milder Senf
175g gebratenes Geflügelfleisch
2 EL gehackte Petersilie
2 Scheiben Schnittkäse
125g frische Pilze, (vorzugsweise Champignons)
1 EL Butter

Den Toast von beiden Seiten zart anrösten. Eine Seite mit Senf bestreichen, dick mit Geflügelfleisch belegen und mit Petersilie bestreuen. Schnittkäse darauflegen und die in Butter angedünsteten Champignons darauf verteilen. Im Grill überbacken und heiß servieren.

Feiner Spargeltoast

2 Scheiben Toastbrot
2 EL Butter
1 EL Mehl
1/2 Tasse süße Sahne
Salz
einige Tropfen Zitronensaft
200 g gekochtes, dünn geschnittenes Hühnerfleisch
375 g gedünstete Spargelstücke
1 EL gehackte Petersilie

Toast hellbraun rösten. Aus Butter und Mehl eine Schwitze rühren, mit Sahne auffüllen und aufkochen lassen. Nach dem Abschmecken mit Salz und Zitronensaft auf den Toast streichen. Dann geschnittenes Hühnerfleisch dicht darauf verteilen, mit Spargel belegen und Petersilie bestreuen.

Gänsecreme auf Toast

1 Gänsebrust
Salz, Pfeffer
100 g roher Schinken
1 Gewürzgurke
2 Sardellen
1 Röhrchen Kapern
100 g Mayonnaise
1 TL scharfer Senf
2 hartgekochte Eier in Scheiben
2 Tomaten in Scheiben
Toastbrot

Die Gänsebrust in wenig Salzwasser mit einigen Pfefferkörnern dünsten. Das abgekühlte Gänsefleisch in Stücke schneiden und mit Schinken, Gewürzgurke, Sardellen und Kapern durch den Wolf drehen und mit Mayonnaise und Senf mischen und pikant abschmecken. Diese Masse dick auf Toast streichen und mit Ei und Tomate illustrieren.

Zuletzt noch das: Selbstverständlich können Sie diese appetitliche Gänsecreme auch als Brotaufstrich beliebig verwenden.

Geflügelleber auf Toast

1 EL Öl
200g in Streifen geschnittene Geflügelleber
schwarzer Pfeffer
1 EL Butter
1 feingehackte Zwiebel
Salz, Majoran
2 Scheiben Toastbrot
1 EL Senf
100g geriebener Parmesan

Die Geflügelleber in heißem Öl anrösten, mit Pfeffer bestreuen und herausnehmen. Butter zum Öl geben und Zwiebel goldbraun rösten. Leber hinzugeben, salzen und mit Majoran bestreuen. Toast zart anrösten und mit Senf bestreichen. Die Leber daraufhäufen und mit geriebenem Käse bestreuen. Im Grill goldgelb überbacken und heiß mit Senffrüchten servieren.

Hier finden Sie alle Gerichte